Büchergilde Gutenberg Frankfurt am Main Wien Zürich

Lizenzausgabe für die Büchergilde Gutenberg
Frankfurt am Main, Wien, Zürich
mit Genehmigung des Rowohlt Verlages, Reinbek bei Hamburg
Copyright © 1977 by Rowohlt Verlag GmbH, Reinbek bei Hamburg
›Ehe auf krummen Beinen‹ © 1959 Nannen Verlag GmbH, Hamburg
© Christian Wegner Verlag GmbH, Hamburg, 1968
Gesamtausstattung Hennes Maier, Frankfurt am Main
Schrift Korpus Times Antiqua, Linotype
Papier OP 53 Daunendruckpapier, 90 g/qm, der
Papierfabrik Scheufelen, Oberlenningen
Satz und Druck W. Kohlhammer GmbH, Stuttgart
Bindung Großbuchbinderei Monheim GmbH, Monheim
Printed in Germany 1980   ISBN 3 7632 2417 3

Ich bin Blasius, der Langhaardackel! Einer der schönsten, die herumlaufen.

Vielleicht kennen Sie mich aus einer Geschichte, die ich früher erzählt habe. Eigentlich wollte ich nichts mehr erzählen, sondern mich nur noch meiner Familie und meinem Lebensabend widmen. Ein Deutscher wird geboren und denkt an die Altersversorgung. Beim deutschen Dakkel ist es ähnlich.

Aber mein Verleger und viele andere Leute liegen mir ununterbrochen in den langen Ohren. So lasse ich mich breitschlagen und erzähle die Fortsetzung meiner Erlebnisse, obwohl ich, weiß Gott, andere Sachen zu tun hätte. Außerdem kommt man zu nichts, wenn man Familie hat. Die Kinder machen den ganzen Tag Theater. Loni, meine Frau, ist ein Prachtmädchen, aber manchmal sägt sie an meinen Nerven. Die Leser unter Ihnen werden das kennen.

Dan und Eva, Herrchen und Frauchen, waren anfangs dagegen, daß ich von uns erzähle. Manches ist ihnen peinlich. Auch bei uns kam der Sturm auf und brachte das junge Glück ins Wanken. Ich werde von der Sache berichten, an der ich leider nicht ganz unbeteiligt war. Na, jetzt ist alles wieder in Ordnung, und der Haussegen hängt genau waagerecht.

Schließlich haben wir Pressefreiheit. Wo kämen wir da nur hin, wenn die freie Meinungsäußerung unterdrückt würde.
Und wir brauchen Geld. Dan hat einen neuen Wagen gekauft. Wunderbarer Schlitten, wirklich eine Wucht. Aber jetzt kauen sie an den Raten. Wenn ich nicht wäre, hätten sie nicht einmal mehr einen Bettelstab, um ihn ergreifen zu können. Auch mir täte es leid, wenn der Gerichtsvollzieher die Marke unter die neue Motorhaube kleben würde. In diesen schweren Zeiten muß jeder mitarbeiten.
Und die Zeiten waren schwer.
Niemals hätte ich gedacht, daß der Ehestand so anstrengend sein könnte. Die Vorbereitungen nahmen mich mehr mit als unser ganzes bisheriges Junggesellenleben.
Noch während sie verlobt waren, suchten sie eine neue Wohnung. Zuerst stritten sie sich, wer zu wem ziehen sollte. Dann fanden sie, Gott sei Dank, beide Wohnungen zu klein und machten sich auf die Suche.
Es war eine Strapaze. Wir besichtigten etwa siebzig Wohnungen. Ich lief jeden Tag zwanzig Kilometer hinter ihnen her, erstieg Legionen von Treppenstufen und hörte zu, wie sie mit Wirten und Maklern um die Baukostenzuschüsse feilschten.
Am Abend jedes erfolglosen Tages machte Dan seinem Zorn Luft.
»Hast du das vernommen? Hat der Kerl die Stirn, für diesen wurmstichigen Preßluftschuppen sechstausend Mark zu verlangen –«

»Ich fand ihn sehr nett«, sagte Eva. »Mir gefiel die Wohnung.«

»Wohnung? Ich höre immer Wohnung! Wenn Blasius vom Stuhl springt, fällt der Putz von der Decke. Hast du die Wände nicht gesehen? Gerade so dick wie die Sonntagsausgabe unserer Zeitung. Morgens hörst du die Nachbarn gähnen, mittags sich streiten und abends sich lieben. Sogar wenn sie sich langweilen, hörst du es.«

»Aber Dan«, sagte Eva.

»Und viel zu klein! Wenn du den Küchenschrank aufmachst, verbrennst du dir den Allerwertesten am Herd. Und dieses schmale Handtuch von Toilette! Von der Tür aus ist die Brille kaum zu erkennen. Kein Fremdenzimmer! Wo willst du Besuch unterbringen, he? Unser Besuch muß anständig schlafen, in einem richtigen Bett, nicht auf der Couch unter der Stehlampe.«

So ging es jeden Tag. Als sie endlich das Richtige gefunden hatten, war ich um vier Pfund leichter und hatte Plattfüße. Von den Möbeln legten sie die beiderseitigen besten Stücke zusammen. Jeder machte die des anderen schlecht.

»Du glaubst doch nicht im Ernst«, sagte Dan, »daß ich diese Ruine von einem Schrank in meinem Heim dulde! Den geben wir dem Heizer, noch heute. Ich will nicht den ganzen Tag an deine Urgroßmutter erinnert werden und nachts das Schmatzen der Holzwürmer hören.«

»Sei ruhig«, sagte Eva wütend. »Er gehört zu meiner Aussteuer.«

»Ha«, machte Dan voller Hohn und schlug die Augen zur

Decke. »Deine Aussteuer! Daß ich nicht lache! Schön billig haben sie dich losgeschlagen, das muß ich wirklich sagen? Den ganzen Unrat, den sie nicht mehr brauchen können, haben sie dir aufgehängt. Ich kann eine anständige Aussteuer verlangen! Und Mitgift! Wo ist deine Mitgift? Für den ganzen Ärger will ich angemessen entschädigt werden!«

Eva warf ein Kissen nach ihm. Er bückte sich, und es traf mich, weil ich hinter ihm stand. Dann balgten sie auf dem Bett herum.

»Dieses Bett knirscht«, sagte Dan keuchend. »Außerdem ist es zu schmal. Morgen werden wir ein Ehebett kaufen, so breit wie ein Tennisplatz.«

»Einen Schmarrn werden wir«, sagte Eva, während sie ihn an den Ohren festhielt. »Ich will mein eigenes Bett, in meinem eigenen Zimmer. Getrennt ist modern.«

Dan richtete sich auf. Über seinem offenen Mund hingen die Haare in die Stirn.

»Du willst was?«

»Mein Bett in meinem Zimmer. Du schnarchst. Ich kann nicht die ganze Nacht wachbleiben und dir die Nase zuhalten.«

»Ich schnarche? Woher weißt du, daß ich schnarche?« Sie preßte ihr Gesicht an seins und antwortete nicht.

»Blasius«, sprach Dan, »hast du das gehört?«

Ich hatte. Ich sprang zu ihnen auf das Bett und quetschte mich zwischen sie. Dan hob den Zeigefinger. »Jetzt hör zu, mein Kind, was ich dir in seiner Gegenwart sage! Das Bett

ist die Grundlage der Ehe. Der gemeinsame Schlaf führt zwangsläufig zum gemeinsamen Erwachen. Was kann es Schöneres für dich geben, als morgens als erstes mein liebes Antlitz zu erblicken, einen Kuß auf meine dürstenden Lippen zu hauchen und danach frohgemut dein Tagwerk zu beginnen...«
Eva warf sich zurück und lachte.
»Liebes Antlitz? Triefaugen hast du und Knitterfalten! Und stumm bist du wie ein toter Fisch.«
Dan legte den Arm um sie und zog sie an sich. Ich wurde zusammengequetscht.
»Ich bin ein sogenannter Morgenschweiger. Das sind solche, die am Morgen schweigen. Erst abends, wenn die freundlichen Lichtlein scheinen, öffnen sie den Mund...«
»Zum Trinken«, sagte Eva. »Die freundlichen Lichtlein an deinen Lokalen.«
»Sei nicht immer so direkt, Liebling. Wie dem auch sei: Du gehörst an meine Seite, sei es senk-, sei es waagerecht. Wirst du gehorchen?«
»Ich gehorche«, sagte Eva und küßte ihn.
Richtig, Dan, dachte ich. Laß sie fühlen, wer der Herr ist. Sonst tanzt sie uns auf dem Kopf herum, bevor wir überhaupt verheiratet sind.
Als endlich alles stand, war ich heilfroh. Hauptsächlich Evas wegen. Uns hätte eine Lotterwirtschaft nicht viel ausgemacht. Aber ein Mädchen braucht einen Rahmen. Und ihre Freundinnen stürzen sich mit Wonne auf jede schwache Stelle.

Wir hatten auch genügend Platz für uns. Es dauerte jetzt viel länger, bis ich alle Winkel durchstöbert hatte. Dan hatte ein kleines Arbeitszimmer für sich, wohin er sich zurückziehen konnte und überlastet tun. Für Eva waren zwei Räume da, in denen sie fotografierte. Das stärkte ihr Selbstbewußtsein und unsere Finanzen. Das Wohnzimmer hatte einen netten Erker. Auf jedem der breiten Fenster konnte ich Platz nehmen und auf die Straße hinuntersehen, wo die Geschäftsleute hasteten, die Hausfrauen klatschten, die Liebespaare schlenderten und die Benebelten schlingerten. Mit der wandernden Sonne rückte ich weiter, und wenn ich die rechte Ecke des mittleren Fensters erreicht hatte, gab es Mittagessen.

Der nächste Schritt zur Hochzeit war ein Junggesellenabschiedsabend in unserer alten Kneipe, bei Eugen, dem Bieresel. Nur Männer kamen, alle unsere alten Saufbrüder. Natürlich auch ich und mein Bruder Ralf.

Im Anfang war es wie auf einer Leichenfeier. Sie machten ernste Mienen und sprachen kaum. Nach vier stummen Runden ergriff Paul Gilbert das Wort.

»Lieber Dan«, sprach er mit dumpfer Stimme, »du bist im Begriff, die größte Dummheit deines Lebens zu machen. Alle, die wir hier sitzen, haben dir zugeredet wie einem kranken Gaul. Umsonst. Ein Weib hat dich betört. Es hat deinen Willen gelähmt, deine Sinne aufgewühlt, den Rest deines ohnehin schwachen Verstandes vernichtet.

Mit banger Sorge haben wir, deine Freunde, diese Entwicklung verfolgt, mit Trauer im Herzen stehen wir vor ihrem Ergebnis. Du verläßt den Kreis derer, denen der Alkohol das Höchste war, du schwächst die Front der Standhaften, du übst schändlichen Verrat an den hehren Gütern, die da sind: Freiheit, Trunksucht, Weiberfeindschaft!«

Paul hatte die Stimme erhoben wie ein Parteiredner, wenn er das Programm verkündet. Seine Augen leuchteten durch den Tabakqualm. Er goß den Rest seines Bieres hinunter, und die Ritter der Tafelrunde taten desgleichen. Eugen füllte die Gläser neu aus dem Bierhahn, an dem ein langer Trauerflor befestigt war.

Als Paul fortfuhr, schwand der verklärte Ausdruck aus seinem Gesicht. Er sah ungeheuer bekümmert aus.

»Freunde, was rede ich da. Bin ich nicht selbst ein Opfer jener verschlagenen Macht, die da heißt Liebe? Bin ich nicht selbst gestrauchelt über die Fallstricke einer Schlange und herabgesunken vom weiberverachtenden Hagestolz zum verängstigten, filzpantoffeltragenden Haushaltungsvorstand? Woher nehme ich das Recht, Steine zu werfen auf ihn, unseren Daniel, der so unsäglich tief in die Löwengrube geraten ist?«

Keiner wußte es.

»Ich will es euch sagen, Brüder. Außen bin ich ein Ehemann. Meinen Finger ziert die goldene Fessel. Meine Uhr weist mir die zubemessene Zeit. Aber im Herzen bin ich einer der euren geblieben. Mein Fleisch ist unterlegen, mein Geist nicht. Eingezwängt in die Fesseln des Ehestandes, blieb er aufrecht und frei. Und wenn wir heute schweren Herzens unserem Dan das letzte Geleit geben, so sind wir in guter Hoffnung – äh – so tun wir das in der Hoffnung, daß er gleich mir im Herzen der alte bleibe. Wir ernennen ihn zum Ehrenjunggesellen auf Lebenszeit, mit der Auflage, jede Woche einmal hier zu erscheinen und sich genauso zu besaufen wie früher.«

Dan sagte: »Das Protokoll verzeichnet an dieser Stelle: Stürmische Zustimmung.«

»Richtig. Meine Herren«, fuhr Paul mit Würde fort, »ich fordere euch auf, euch zu Ehren des Dahingegangenen von euren Plätzen zu erheben. Daniel, der Junggeselle, ist tot. Es lebe der Ehemann Daniel! Prost, alter Saufsack!«

Sie wiederholten den Ehrentitel einstimmig und tranken aus.

Dan war ergriffen. Er blieb stehen und dankte Paul für seine richtungweisenden Worte. Er versicherte, die Ideale des Stammtisches allezeit hochzuhalten und sich des verliehenen Titels würdig zu erweisen. Kein Weib und kein Teufel würden ihn je davon abbringen können. Beim Barte des Propheten.

Dann gingen wir zum gemütlichen Teil über. Der Krach nahm entsprechend zu. Sie ließen Eva hochleben und alle wohlgeformten Mädchen. Sie redeten durcheinander und schlugen sich auf die Schultern. Eugen schwankte hinter dem Tresen herum wie ein Kapitän auf der Kommandobrücke. Der Musikautomat dudelte ununterbrochen das Lieblingslied aus New Orleans, das sie so oft schon gespielt hatten. Ralf und ich saßen auf zwei Barstühlen und blinzelten mit tränenden Augen durch den Dunst. Als anhand von Nachrichten und Nationalhymnen aus dem Radio herauskam, daß es Mitternacht geschlagen hatte, wurde eine Runde zu einem Verachtungsschluck auf alle Frauen eingefüllt.

»Dan, du armer Knochen«, sagte Otmar mit holpriger Zunge und mit Schaumflocken am Bart. »M-mein Mitgefühl ist dir gewiß. Ganz – ganz gewiß. Ein gewisses Mitgefühl. Gewiß ist es dir. Die Ehe wird dich zerrütten. Zerrütten wird sie dich. Wird sie. Zerrütten. Rütten.«

Er schmierte sich neuen Schaum an den Bart.

»Abschaffen!« krähte Paul. »Abschaffen! Revolution! Aufstand! Weiber hinweg!«

»Jawohl!« schrie Eugen hinter dem Tresen. »Ja, abschaffen!«

Er stieg auf einen Stuhl, schwankte, mußte sich am Bierhahn festhalten. In diesem Augenblick geriet der Bartisch ins Wanken.

Alle sahen es, keiner tat etwas dagegen. Nur Eugen wollte seine fallende Erwerbsquelle aufhalten. Vergebens. Die Theke nahm ihn mit nach vorn. Ich rettete mich mit einem gewaltigen Sprung von meinem Barhocker. Paul, Dan und Otmar schafften den Rückzug nicht mehr. Der Tresen und Eugen stürzten über sie. Mit einer Hand versuchte Eugen am hinteren Flaschenregal Halt zu gewinnen. Auch diese Maßnahme versagte. Das Regal kam auch noch mit. Ich schloß die Augen.

Es donnerte, wie wenn ein Schiff auf einen Felsen auf-

fährt. Scherben flogen mir um die Ohren. Ein Ei klatschte vor Ralfs Nase. Er fraß es sofort. Als ich die Augen öffnete, sah ich das komischste Bild, das ich je gesehen hatte. Die würdigen Herren lagen am Boden, nebeneinander, als wären sie gerade erschossen worden. Auf ihnen lag der Bartresen. Auf dem Tresen und unter dem umgestürzten Flaschenregal lag Eugen. Er sah aus wie ein Stangenkäse zwischen zwei Brotscheiben. Rotwein rieselte über sein Hemd und sein Haupt. Er machte Schwimmbewegungen mit Armen und Beinen.
»Rette mich, wer kann!« rief er.
Wir fanden das ungeheuer lustig. Ralf hopste seinem Herrschen auf die Brust und leckte ihm das Bier vom Gesicht. Ich tat das gleiche bei Dan. Sie schimpften aus vollem Halse, aber sie konnten die Arme nicht bewegen und uns verscheuchen. Otmar rührte sich nicht mehr. Er war eingeschlafen.
Vermutlich wären sie bis zum Morgen so liegengeblieben. Keiner hatte die Kraft aufzustehen. Aber plötzlich öffnete sich die Tür. Eine tiefe Stimme fragte: »Trinken Sie immer in dieser Haltung?«
Es waren zwei Polizisten vom Revier, die uns schon oft die Polizeistunde verkündet hatten. Ralf und ich begrüßten sie, und sie nahmen uns hoch an ihre breiten Figuren.
»Es ist so viel bequemer«, sagte Dan.
»Ah, der Herr Kommissar! San mir aa do?«
»Ja, mir san aa do. Können Sie vielleicht mal diesen Tresen und diesen narrischen Kerl von uns wegnehmen?«

Die Wachtmeister hoben das Regal auf, dann Eugen, dann die Theke. Dan und Paul kamen hoch. Auch Otmar erwachte wieder.

»Was habt ihr denn gemacht, ihr Idioten?« murmelte er. »Ich dachte, ich wäre schon zu Hause.«

Sie sahen allesamt aus wie die Fliegenpilze.

»Das war mein bestes Hemd«, sagte Paul. »Wie soll ich meiner Familie unter die Augen treten?«

»Kalterer See«, sagte Eugen. »Ausgezeichneter Rotwein. Drei achtzig die Flasche. Willst du eine mitnehmen?«

»Was ist denn passiert?« fragte der Hauptwachtmeister.

Keiner konnte es genau sagen.

Mit Hilfe der Polizisten räumten sie die Trümmer beiseite. Auch ich fand noch ein zerbrochenes Ei und trat auf eine Ölsardine. Dann setzte man sich zur letzten Runde nieder.

»Kameraden«, sagte Paul, »wir haben gekämpft bis zum letzten. Ein übermächtiger Gegner hat uns gefällt. Ewiger Ruhm unserem Andenken. Ewiges Andenken unserem Ruhm. Unser Dank der Polizei, die uns wieder aufrichtete und uns aus aussichtsloser Lage befreite.«

Sie stießen mit den Polizisten an. Dann schüttelte jeder jedem dreimal die Hände.

Draußen war es warm und windstill. Paul hatte Ralf an der Leine und Dan mich. Ein Stück weit mußten wir zusammen gehen. Keine einfache Sache, wie sich herausstellte. Sie stießen aneinander und an die Hauswände. Wir hatten Mühe, sie an den Leinen vorwärts zu ziehen.

Unter der letzten Laterne umarmten sie sich und schworen, sich nie zu verlassen. Dann schlingerten wir nach verschiedenen Richtungen weiter. Dan fuhr mit dem Aufzug erst in den Keller. Im Schlafzimmer zog er seine Jacke und einen Schuh aus. Eva war nicht da, sie schlief bei ihren Eltern, von wegen der Moral. Dan fiel aufs Bett und war weg. Ich kroch ans Fußende und bohrte mich unter die Decke. Eine Weile hörte ich noch, wie er atmete, und ich roch den gasförmigen Alkohol, der sich sachte um uns ausbreitete.

»Eva, Liebling«, murmelte Dan im Schlaf.


Trotz dieser nächtlichen Koseworte passierte kurz darauf die Geschichte, die uns später den großen Kladderadatsch bescherte und unseren Haussegen so bedenklich ins Wanken brachte – von einer furchtbaren Keilerei und einem zertrümmerten Lokal ganz abgesehen. Dan war verlobt und hatte das beste Mädchen der Welt. Aber der Teufel ist dauernd um einen herum, und ein richtiger Mann kann's nun mal nicht lassen. Ich weiß das von mir.

Es fing damit an, daß Dan nach Dienstschluß noch eine Arbeit zu erledigen hatte. Man soll eben keine Überstunden machen. In einem Hotel hatte ein Spezialist in den Zimmern von Frauen reicher Männer die Brillanten eingesammelt, wahrscheinlich auch wegen des sorglosen Lebensabends. Nun hatten sie ihn geschnappt, und er hatte alle Aussichten, die Pension vor Erreichung der Altersgrenze zu bekommen. Dan mußte noch einmal in das Ho-

tel, um ein paar Fragen zu stellen. Es war ein milder Abend. Ich schlenderte an der Leine gemächlich neben Dan her. Um uns herum eilten die Werktätigen in Scharen nach Hause. Auf der Straße stauten sich die Autos, und die Polizisten machten Freiübungen wie Vorturner.
Uns focht das nicht an.
Wir kamen weiter ins Zentrum hinein. Das Hotel war ein erheblicher Kasten, beinahe so groß wie der Bahnhof, und es lag im teuersten Viertel. Kein Wunder, daß sich hier die Brillanten ansammelten.
Am Eingang war eine Drehtür. Ich drängte mich mit Dan durch und klemmte mir eklig den Schwanz bei der Geschichte. Ich wollte laut heulen, aber im Innern herrschte eine so vornehme Luft, daß ich mich zusammennahm und so tat, als käme ich jeden Tag dreimal mit dem Schwanz in die Drehtür.
In der Halle lag ein Teppich, in den ich bis über die Pfoten hineinsank. Um niedrige Tische standen Sessel, in die zwei Generaldirektoren nebeneinander gepaßt hätten. Von den Fenstern hingen weinrote Vorhänge herab mit ungeheuren Troddeln. Man würde drei bis vier Stunden brauchen, um eine zu zerfressen. Rechts war der Empfangsschalter. Dahinter ragte der Portier empor wie das Denkmal auf dem Königsplatz. Er trug gekreuzte goldene Schlüssel auf dem Kragen, und seine Augen sahen alles. Natürlich auch mich.
Wir kämpften uns durch den Teppich zum Schalter hinüber. Der Portier geruhte, sich uns zuzuwenden. Seine

Stimme verriet, daß er von Dan noch kein Trinkgeld bekommen hatte.
»Bitte sehr, mein Herr?«
»Kommissar Nogees«, sagte Dan unbewegt. »Möchte zu Herrn Direktor Bedenk. Bin für halb sechs bestellt.«
Der Portier schien es zunächst nicht für möglich zu halten, daß der Direktor sich mit solchen Leuten wie uns abgeben wollte. Reine Angabe. Schließlich war der Brillantendieb auch reingekommen. Nicht gerade die beste Reklame für das Unternehmen. Sie sollten froh sein, daß Dan sich darum gekümmert hatte.
»Wenn Sie sich einen Augenblick gedulden wollen«, sagte der Portier. »Ich rufe durch.«
Dan geduldete sich. Er rief durch.
»Ein Herr Nogees, Herr Direktor. Von der – hem – Polizei. Gibt vor – wie? Selbstverständlich, Herr Direktor. Sehr wohl, Herr Direktor.«
Er hing ein. Sein Antlitz strahlte jetzt etwas mehr Wohlwollen aus.
»Der Herr Direktor erwartet Sie. Bitte rechts an der Treppe vorbei, durch die Tür, rechter Gang. Hinter der ersten Tür finden Sie Herrn Direktor Bedenk.«
»Ohne Bedenken«, sagte Dan.
Der Portier blieb sprachlos zurück. Fast wären ihm die Schlüssel vom Kragen gefallen.
Im Hintergrund der Halle führten zwei Treppen nach oben. Elfenbein und Gold. Dazwischen hing ein Lüster von der Decke, an dem eine Glasfabrik ungefähr ein hal-

bes Jahr gearbeitet haben mußte. Würde niedlich knallen, wenn er herunterkam. Wir wollten gerade an der rechten Treppe vorbei. Da passierte es. Es kam nicht etwa der Lüster herunter.

Wir sahen sie.

Sie schritt die Treppe hinab, auf den hochhackigsten Schuhen, die ich jemals gesehen hatte. Ihr Kleid hatte die Farbe der Treppe, mattes Elfenbein und Goldstickerei. Um die Taille trug sie einen breiten goldenen Gürtel. Ich glaube, sogar ich wäre mit den Vorderbeinen um diese Taille herumgekommen. Der Rock des Kleidchens stand von ihren Beinen ab, ziemlich sündhaft schönen Beinen. Er wippte bei jedem Schritt. Ich war viel niedriger als Dan und konnte die Spitzen des Unterrockes sehen. Eva hatte auch solche. Petticoat nannte sie sie.

Das Mädchen war weißblond, mit schrägen Augen und einem Lippenstift wie Otmars Sonnenuntergänge. Ihr Gesicht war glatt und süß, aber sie versuchte, ebenso hochmütig auszusehen wie der Portier, und das stand ihr nicht richtig.

In der rechten Hand trug sie eine runde, starre Ledertasche, auch Elfenbein. Links führte sie eine weiße Spitzin an der Leine. Sie trug ein goldenes Halsband, sah aus wie gehäkelt und tat vornehm wie ihre Herrin. Sie schwebten die Treppe hinab, ein Titelbild für eine Modezeitung. Ich gebe mich kaum mit minderwertigen Rassen ab. Andererseits ist es ganz interessant, eine neue Bekanntschaft zu machen. Ich blieb stehen, um an dem Spitz zu schnuppern.

Auch Dan wartete und schielte nach den Beinen des Mädchens.

Das Weitere ging ganz zwanglos vor sich.

Die Spitzin kläffte und wich vor mir nach rechts aus. Immer kläffen diese Viecher. Ihre Leine geriet zwischen die Füße des Mädchens. Mit einem der gefährlichen Absätze blieb die holde Göttin hängen. Sie strauchelte und fiel vornüber die Treppe hinunter.

Dan ist äußerst wach, wenn er nüchtern ist. Er ließ mich los und kam gerade zurecht. Das elfenbeinerne Mädchen fiel ihm gezielt in die Arme. Puder bestäubte uns. Die Tasche fiel herunter und auf die Spitzin. Auch sie verlor das Gleichgewicht und rollte zu mir herunter. Ungehindert konnte ich sie beschnuppern. Manchmal brauchte man sich gar nicht zu bemühen, und die Frauen rollen nur so um einen herum.

Dan hatte seine Arme um die Dame geschlungen und schien so verharren zu wollen. Ihre Gesichter waren dicht beieinander.

Das Mädchen hatte Mühe, die Unnahbarkeit wieder anzulegen. Aber sie schaffte es.

»Würden Sie mich vielleicht wieder loslassen?« fragte sie mit Tiefkühlstimme.

»Ungern«, sagte Dan. Er faßte sie unter die Achseln und stellte sie auf die Füße.

»Sehr freundlich«, sagte sie.

»Gern geschehen. Wann kommen Sie wieder hier herunter? Wir stellen uns hin.«

»Ich werde den Fahrstuhl nehmen. Wegen Ihres Hundes hätte ich mir bald den Hals gebrochen.«

Natürlich. Immer ich.

»Er ist Junggeselle«, sagte Dan. »Spitze irritieren ihn. Dafür habe ich Sie aufgefangen.«

Sie warf die Nase höher. »Ich werde es nie vergessen.«

»Das will ich hoffen«, sagte Dan. »Aber das genügt nicht. Gehen Sie in die Bar?«

»Wie kommen Sie darauf?«

»Sie wird um halb sechs geöffnet. Sie haben ein durstiges Gesicht. Das Kleid sieht aus wie Champagner-Flip.«

Ihre schrägen Augen wurden etwas weiter.

»Sind Sie ein Detektiv?«

»Nein. Ich habe ein Institut für Eheanbahnung. Ich muß zum Direktor. Er sucht eine Frau. Netter Mensch, aber Hunde kann er nicht ausstehen. Ist mal gebissen worden. Würden Sie diese Quelle allen Übels mit in die Bar nehmen und aufbewahren, bis ich erscheine?«

Du frecher Hund, dachte ich.

Sie zögerte. Ihre Augen tasteten an Dan herum. Schien ihr zu liegen, der Herr. Er nahm sie auch richtig. Dan hat einen angeborenen Instinkt für Mädchen. Könnte ein Dackel sein.

Sie mußte erst noch ein bißchen in Abwehr machen.

»Und wenn ich nicht in die Bar gehe?«

»Wird der Direktor mich rauswerfen und ledig bleiben. Denken Sie an die arme Frau.«

»Benimmt er sich anständig?«

»Der Direktor?«

»Ihr Hund.«

»Er hat erst kürzlich in einem Höflichkeitswettbewerb gesiegt. Er kann Klavier spielen, und nächstes Jahr kommt er auf die Volksschule.«

»Hören Sie auf.« Sie nahm meine Leine. »Aber nicht zu lange, ja?«

»Keine Sorge. Bis nachher, Blasius.«

Bis nachher, du Gauner, dachte ich. Hält man so was für möglich?

Dan ging um die Treppe herum und verschwand. Das Mädchen lächelte leise.

»Komm, Blasius«, sagte sie. »Los, Topsy!«

Ich trottete mit. Der Schwanz tat mir immer noch weh, aber ich hielt ihn vorschriftsmäßig, um anständig auszusehen.

Topsy wandelte neben mir her, hundgewordener Hochmut. Die Eifersucht plagte sie. Frauen können niemanden neben sich sehen.

Mich störte das in keiner Weise. Ich stieß ungeniert mit ihr zusammen und trat ihr auf die Füße. Man mußte sie ähnlich behandeln wie ihr Frauchen.

Wir erreichten die Bar. Sie war in Blau und Silber gehalten. Der Bartresen schwang sich wie ein großes Fragezeichen an der Wand entlang. Die Stühle davor hatten niedrige Lehnen, um die Gäste besser bei der Stange zu halten. Der Mann hinter der Bar trug eine kurze, blütenweiße Jacke, hatte ölglänzendes Haar und die Bewegungen eines älteren Truthahns. Hinter ihm glitzerten die Flaschen in dichter Linie und spiegelten sich in der Rückwand des Regals.

Der Mixer lächelte unter seinem Schnurrbart, als er unsere Prozession kommen sah.

»Hallo, Fräulein Reni – Topsys Bräutigam?«

»Nein. Nur geliehen.«

»Aha. Ich dachte, Sie wollen 'ne neue Rasse züchten. Komische Mischung, wirklich.«

Warte ab, wie deine Kinder aussehen werden, dachte ich. Das Fräulein Reni schwang sich lässig auf einen Barstuhl und reichte dem Truthahn ihr Händchen.

»Tag, Bob. Wie immer.«

»Okay.«

Er fing an, mit Flaschen, Gläsern und Zitronen zu jonglieren. Es ging lautlos, und nichts fiel herunter. Zum Schluß goß er alles zusammen in einen silbernen Becher und schwenkte ihn in der Luft herum. Dann füllte er ein Glas für Reni. Sie trank ziemlich viel davon.

Er fragte: »Schluß für heute?«

»Hm. Hab auch genug. Vierundfünfzig Aufnahmen von siebzehn verschiedenen Kleidern.«

»Das langt. Wer hat geknipst?«

»Rolf.«

Er wies auf mich.

»Sein Hund?«

»Nein. Gehört einem Heiratsvermittler.«

Er hörte auf, sein Glas zu polieren.

»Wollen Sie heiraten, Reni?«
»Um Gottes willen. Seh ich so aus?«
»Viel besser.«
Während sie oben weiterredeten, versuchte ich, mich Topsy auf dezente Weise zu nähern. Ich stupste die Schnauze in ihr Fell und tätschelte sie mit den Pfoten. Sie wollte mich kalt abfahren lassen, aber schließlich bin ich der Hund meines Herrn. Sie fletschte die spitzen Zähnchen und knurrte gefährlich. Das beeindruckte mich kaum. Ich schlug ihr mit der Pfote auf die Nase. Sie wollte mich beißen, aber ich nahm die Ohren rechtzeitig weg und sie biß ins Freie. Das machte sie noch wütender. Sie fing an zu fauchen.
»Was ist denn?« rief Reni von oben. »Könnt ihr keine Ruhe halten? Topsy, benimm dich!«
Topsy war kurz vor dem Zerplatzen. Ich grinste sie freundlich an und leckte ihr quer über das Gesicht, als sie nicht aufpaßte.
Allmählich gab sie auf und wurde vernünftig. Sie ließ sich anfassen und knurrte nicht mehr. Eigentlich war sie ganz nett und roch gut. Nur ihr Getue hätte sie erst loswerden müssen. Immer dasselbe mit den Weibern.
Im nächsten Augenblick schwang die Glastür herum, und der Heiratsvermittler trat herein. Der Barmixer blickte auf und rief: »Grüß Gott, Herr Kommissar!« Dan kam heran, fröhlich feixend. Renis Gesicht überzog sich mit Eisglasur.
»'n Abend, alter Giftmischer. Meine Dame – wie ich sehe,

haben Sie alles für Blasius getan. Ich bin tief in Ihrer Schuld.«

»Sie sind ein Lügner«, sagte Reni.

»Jawohl«, antwortete Dan. »Ich höre von morgens bis abends Lügen. Das verdirbt den besten Charakter. Sind Sie enttäuscht? Vermitteln kann ich Sie trotzdem ...«

Sie stand unmittelbar vor der Explosion, wie vorher ihr Hündchen.

»Der Direktor ist schon verheiratet«, fuhr Dan fort, »aber ich hätte da einen älteren Apotheker ...«

»Bitte, nehmen Sie ihren Hund. Ich muß jetzt gehen.« Sie war sauer wie eine Kiste Zitronen.

Ich mußte wieder mal einspringen. Dan zog mich hoch auf seinen Schoß.

»Blasius«, sagte Dan bekümmert, »bitte mal die schöne Frau recht innig, daß sie uns verzeiht und noch ein bißchen bleibt.«

Ich setzte mich auf die Hinterbeine und schlug mit den Pfoten aneinander. Dazu machte ich die traurigsten Augen der Welt. Es fiel mir leicht, weil der Schwanz in dieser Haltung besonders an die Drehtür erinnerte. Das Eis verschwand von Renis Gesicht. Sie faßte mich am Ohr.

»Fein, Blasius. Du bist viel netter als Herrchen.«

»Ja, er ist viel besser als Herrchen. Dann schlage ich vor, daß wir einen freundlichen Whisky miteinander trinken. Bob, reich uns drei solche.«

»Sofort«, sagte Bob.

»Ich heiße Nogees«, sagte Dan zu Reni. »Wenn Ihnen mal

was gestohlen wird, rufen Sie mich an. Sie kriegen es zwar nicht wieder, aber ich freue mich immer.«

Bob brachte die Gläser.

»Sitzt der Kerl fest, Herr Kommissar?«

»Ziemlich. Es wird schon Maß genommen für seinen neuen Anzug. Prost!«

Sie tranken. Ich sprang wieder herunter zu Topsy, die schon schmollte. Dan fragte: »Und was tun Sie, wenn Sie nicht hier sitzen?«

»Raten Sie.«

»Sie führen schöne Kleider spazieren. Vor Damen, denen sie nicht passen, und vor ihren Männern, die sie trotzdem bezahlen müssen.«

Reni staunte. »Woher wissen Sie das schon wieder?«

»Ganz einfach«, sagte Dan. »Es wäre ein Jammer, wenn man diese Figur nicht dazu benutzen würde.« Das ging ihr lieblich hinunter.

»Sie scheinen ein guter Detektiv zu sein.«

»Sagen Sie das meinem Chef.« Dan trank aus und sah zur Uhr. »Bob, die Rechnung. Heute ist der achtundzwanzigste.« Bob lächelte und schrieb.

»Gehen Sie noch ein bißchen spazieren?« fragte Dan.

»Frische Luft pfirsicht die Wangen.«

Reni kam mit. Wir verließen die blausilberne Bar und wanderten langsam vom Hotel weg. Wir gaben einen guten Gegensatz ab, zwei helle Damen und zwei dunklere Herren. Renis Hochmut war weg, und Topsy trippelte brav neben mir und wich nicht mehr aus, wenn ich zu nahe kam. Ich konnte schon bald so gut mit Mädchen umgehen wie Dan.

Ein paar Straßen weiter mußte Reni nach links und wir geradeaus.

»Kommen Sie immer mal in diese Bar?« fragte Dan.

»Immer mal.«

»Hm. Habe den Eindruck, daß Blasius Topsy gern wiedersehen würde. Und der Whisky ist gut dort, nicht?«

»Sehr gut.«

»Man sollte ihn öfter trinken.«

»Das sollte man.«

»Also auf Wiedersehen«, sagte Dan. »Und immer schön langsam die Treppen runtergehen.«

Reni antwortete nicht, aber ihre schrägen Augen guckten schon ziemlich interessiert auf Dan.

»Wiedersehen«, sagte sie.

Dann schwebte sie mit Topsy davon, diesmal die Rückseite des Modejournals, und wir starrten noch eine Weile hinterher. Ich sah sie eher wieder als Dan.


Ungeachtet dieser Anfechtungen, wie sie jedem aufrechten Manne begegnen können, rückte Dans Hochzeit mit Eva unaufhaltsam näher. Zwei Tage vorher veranstalteten wir einen zünftigen Polterabend. Dan hatte inzwischen die neue Behausung bezogen. Alle lieben Freunde kamen und zerschlugen eine halbe Porzellanfabrik. Otmar opferte einen buntschillernden Nippespapagei aus dem Nachlaß seiner Großmutter. Das Vieh war ihm längst ein Dorn im Auge gewesen. Nur die Pietät hatte es vor Schaden bewahrt. Jetzt war Gelegenheit, sich seiner zu entledigen.

Eugen hatte aus der Kneipe die Black-and-White-Hunde aus Gips mitgebracht und zerschlug sie bekümmert, aber gründlich. Eva rang die Hände und hielt sich zwischendurch die Ohren zu. Als Paul und Dan den ersten Waschkorb voller Porzellanscherben hinuntertransportierten, rutschten sie auf der Treppe aus und landeten mit der Ladung vor der Wohnungstür des Hauswirtes, obwohl man dort längst verheiratet war und keinen Polterabend hatte. Es knallte wie eine mittlere Wasserstoffbombe.

Ich lief die halbe Treppe hinunter.

Paul und Dan saßen zwischen den Scherben. Der Hauswirt steckte den Kopf aus der Tür und nickte.

»Meißen figürlich, wie?«

»Achtzehntes Jahrhundert«, sagte Paul und zog den Porzellanschwanz von Otmars Papagei aus seiner Hemdbrust. »Ich hoffe, Sie sind nicht erschrocken.«

»Keine Spur«, sagte der Hauswirt. »Ich war bei der schweren Artillerie. Meine Frau ist verreist.«

»Das Beste was sie tun konnte«, murmelte Dan.

»Paul«, rief Eva von oben, »ist etwas passiert?«

»Nicht das geringste«, erwiderte dieser.

Sie klaubten die Scherben zusammen und luden den Wirt ein, mit nach oben zu kommen. Er ergriff eine Cognacflasche und tat es. Noch zweimal mußten sie mit dem Korb hinunter. Dann war der Trümmerhaufen beseitigt, und sie konnten sich stärken.

Zwischen den einzelnen Runden priesen sie Evas Schönheit und Dans vortreffliche Wahl. Auch ich, als eigentlicher Stifter des jungen Glückes, wurde gebührend geehrt. Dan erzählte noch einmal meine Geschichte, wie ich zu Eva ins Auto gestiegen war, wie er sie dadurch kennengelernt hatte, wie ich Ritas verschwundene Kette wiedergefunden und geholfen hatte, den Dieb zu entlarven. Als er fertig war, erhoben sie die Gläser und tranken auf mich und auf alle Langhaardackel im Lande. Da war ich sehr stolz.

An diesem Abend machten wir früher Schluß, um den Anstrengungen des nächsten Tages ausgeruht begegnen zu können. Auch dem Hauswirt war das recht, denn er wußte nicht ganz genau, wann seine Frau zurückkommen würde. So brachen sie auf und verließen uns, und kleine Porzellansplitter knirschten unter ihren Sohlen.

Als wir erwachten, war der große Tag da.

Die Trauzeugen erschienen pünktlich und frischgewaschen.

Bei Dan und Paul merkte man nichts vom Polterabend. Nur Eugen schien in der Kneipe noch etwas flüssigen Mut zu sich genommen zu haben, obwohl er gar nicht heiraten mußte. Er hielt das Kreuz ein bißchen zu steif und vermied, den Leuten direkt ins Gesicht zu reden. Meiner Nase nach war es Rum, der ihm entströmte.

Eva sah wunderschön aus.

Sie trug ein schwarzes Kostüm, schlicht und raffiniert, sie roch fabelhaft, und ihre Augen leuchteten. Dabei war sie ruhig wie ein Museumsdiener, als wäre das ihre vierte Hochzeit. Dan trug ein Ding, das aus einer schwarzen Jacke und einer schwarz-grau gestreiften Hose bestand. Ich kannte ihn kaum wieder. Er war bedeutend aufgeregter als Eva. Er konnte nicht sitzen und fingerte dauernd an der Krawatte herum.

Wir alle betrachteten ihn mit Sorge. Beim Heiraten machen die Frauen eine viel bessere Figur.

Ralf und ich hatten unsere guten Halsbänder um und waren frisch gebürstet, wie es sich für einen so feierlichen Tag gehörte. Wir saßen nebeneinander auf meinem Fensterbrett und sahen zu, wie die Gesellschaft Kaffee trank. Anschließend mußten sie etwas warten, weil Evas Nägel noch nicht ganz trocken waren. Die Herren benutzten die Gelegenheit, einen stärkenden Cocktail zu sich zu nehmen. Es war für Dan der letzte in Freiheit, und er trank ihn mit Wohlbehagen und besonderer Andacht.

Dann ging es los. Wir benutzten Evas offenen Wagen, den ich so gut kannte. Mit Dans Arche wären wir nicht bis zum Standesamt gekommen. Dan fuhr, Eva saß neben ihm. Hinten thronten Paul und Eugen, und wir hatten uns neben sie gequetscht und hielten uns mit den Pfoten am Rand fest. Es war ein feiner Tag mit viel Sonne. Den Herren lief der Schweiß in ihre weißen Kragen. Unterwegs wollte Eugen raus und ein Bier trinken, aber es war schon zu spät. Unsere Ohren flatterten im Wind, und ab und zu winkten die Leute und Dan winkte lässig zurück, als führe er die Tour alle Tage.

Vor dem Standesamt stand auch einiges Volk herum. Die gewerbsmäßigen Zuschauer. Als wir ausstiegen, sagte ein alter Mann zu seiner Frau: »Schau, Alte, die Dummen werden nicht alle«, und ein junger Bengel murmelte: »Junge, Junge, schicke Puppe!« Damit meinte er Eva. Dan war zu aufgeregt, um es zu hören. Wir schritten in würdiger Haltung den Gang hinunter. Es roch nach Fußbodenöl und Beamten. Paul suchte die richtige Tür, und dann mußten wir warten. Es dauerte eine Weile, bis ein ernst blickender Herr uns aufrief. Leider durften Ralf und ich nicht mit in das Zimmer. Eugen machte unsere Leinen an den Stühlen fest und ermahnte uns, die Würde des Hauses zu wahren und keinen Unfug zu treiben.

Paul klopfte Dan auf die Schulter.

»Mut, alter Freund«, sagte er.

Dann schloß sich die Tür hinter ihnen.

Ralf und ich warteten mit gespannter Ungeduld. Ein junger Schäferhund kam mit ein paar Leuten vorbei. Ich spiele sonst gern mit ihnen, aber diesmal beachteten wir ihn nicht. Die Stunde war zu ernst.

Ich überlegte mir, wie Dan zumute sein mochte bei dieser amtlichen Handlung. Wir hatten es viel einfacher, wenn wir eine Frau nehmen wollten, aber bei den Menschen geht alles furchtbar kompliziert zu. Wahrscheinlich liegt es auch daran, daß es von ihnen so viele gibt, während wir doch ein kleiner und exklusiver Haufen sind.

Im großen und ganzen war ich sehr zufrieden. Mit Eva hatte Dan einen sehr guten Fang gemacht. Sie war lieb und bildschön, und wenn sie mit mir durch die Stadt gegangen war, hatten die Männer sich die Hälse verdreht, so ein auffallendes Paar waren wir. Durch die geschlossene Tür hörte ich allerhand Gemurmel. Nach einer Pause kam ganz schwach, aber unverkennbar das Geräusch von Küssen. Dann ertönte Gelächter. Die Tür sprang auf. Eva und Dan kamen mit glückstrahlenden Gesichtern heraus, gefolgt von den Trauzeugen und dem Standesbeamten. Er trug einen Eckenkragen und schien Junggeselle zu sein, denn an seiner Weste fehlte ein Knopf.

Ich rannte auf unsere verheirateten Besitzer los und zerrte den Stuhl hinter mir her. Dan machte mich los und nahm mich hoch, und Eva küßte mich auf die Nase, vor allen Leuten.

Wir stiegen ein und fuhren in ein Hotel, wo die Ober noch vornehmer aussahen als die Gäste. Im ersten Stock, in einem kühlen Zimmer, gab es ein solides Mittagessen, auch für Ralf und mich.

Währenddessen erzählten sie, was sich im Zimmer im Standesamt abgespielt hatte. Während seiner Ansprache hatte der Beamte wiederholt mißbilligende Blicke auf den Trauzeugen Eugen geworfen, weil der Geruch nach Rum unverkennbar aus dessen Richtung kam. Eva hatte natürlich mit ihrem Mädchennamen unterschrieben und Dan in der falschen Spalte.

Na, nun hatten sie es hinter sich.

Das Essen war ausgezeichnet. Ralf und ich aßen von einem goldgeränderten Teller mit der Aufschrift ›Grand Hotel Excelsior‹. Ralf blickte ungeheuer vornehm drein, aber seine Ohren hingen ihm trotzdem in den Reis hinunter.

Am Nachmittag war Ruhepause. Ich schlief unter meinem vollen Bauch außerordentlich fest. Als ich erwachte, war die Sonne nur noch matt, und Dan war schon im Badezimmer und sang sein altes Lied unter der Brause: »Heimat, wann werde ich wieder dich seh'n.«

Eine Stunde später fuhren wir in unserem uralten Schlitten zum Haus von Evas Eltern. Dort sollte das große Fest steigen, mit den lieben Verwandten. Evas Vater durfte es bezahlen. Schöne Mädchen sind immer teuer.

Das Haus war ein ganz stattlicher Kasten mit einer hellen Fassade und funkelnden Fenstern. Ralf und ich besichtigten es von innen, während die Gäste sich versammelten und Dan zu seinem angetrauten Weibe rannte. Mein Eindruck, daß die Familie Geld haben mußte, bestätigte sich, und das beruhigte mich sehr. Bei reichen Leuten fühlt man sich sicherer. Ich hatte oft genug gesehen, daß man in der Wahl seiner Besitzer und deren Angehörigen nicht vorsichtig genug sein konnte. Halten Sie mich nicht für ein Opfer des Wirtschaftswunders und für einen Angeber. Aber Armut steht unserer Rasse schlecht. Wir, mit unserer Erscheinung, machen uns am besten in vornehmen Häusern und gepflegten Wohnungen, mit lautlosen Cabriolets vor den Türen und mit Teppichen im Inneren, die wirklich einen Verlust bedeuten, wenn man sie zernagt. An solchen war auch kein Mangel im Haus. Ich merkte mir die verschwiegene Ecke eines lichtblauen Persers unter einem Ledersessel vor. Auch Ralf fand etwas Passendes für sein neues Gebiß nach den Milchzähnen. Dann kehrten wir ins Festzimmer zurück und sahen uns die Hochzeitsgesellschaft näher an.

Die beiderseitigen Schwiegereltern kannte ich schon. Im Anfang hatten sie sich angesehen wie die Oberhäupter feindlicher arabischer Wüstenstämme. Jeder von ihnen gab sich Mühe, dem anderen zu zeigen, welches Opfer es für ihn bedeute, Mitglied dieser Familie zu werden.

Heute abend ging es schon besser. Die Schwiegerväter standen an der Hausbar, hatten glänzende Nasen und erzählten sich gedämpften Tones unanständige Witze.

Die Schwiegermütter in Satin und Schmuck fanden so viel Gemeinsames in ihren Naturen und waren untröstlich über die Jahre, die sie verbracht hatten, ohne einander zu kennen. Die Verwandten und Bekannten berochen sich eifrig. Die Männer befragten sich hinterlistig über die gegenseitigen Berufe und Einkommensverhältnisse und atmeten erleichtert auf, wenn sich herausstellte, daß sie in verschiedenen Branchen tätig waren. Die Damen taxierten sich mit blitzschnellen Blicken und registrierten, wer wem gefährlich werden könnte und wer nicht. Ralf und ich krochen zwischen den vielen Beinen herum, wurden bestaunt und ›Waldi‹ genannt und an den Ohren gezogen. Ich war froh, als zur Tafel gebeten wurde.

Der ganze Haufen ließ sich an dem weißen, glitzernden Hufeisen von Tisch nieder. Dan und Eva saßen in der Mitte, und Stolz erfüllte mein Herz, als ich sie sah. Unsere alte Garde aus der Bierklause war vollzählig vorhanden. Eugen hatte seine Rosel mit, die zukünftige Wirtin. Er sah aus, als rechne er dauernd nach, was ihn die eigene Hochzeit kosten würde.

Otmar, unser Malgenie, in dessen Atelier die Skatabende stattfanden, war mit seiner Braut Putzi da. Auch ihm stand bevor, was Dan jetzt durchmachte. Sein Künstlerbart hinderte ihn nicht, unglaubliche Mengen mit größter Geschwindigkeit zu essen. Dafür ließ er sehr viel für uns unter den Tisch fallen. Putzi genierte sich und stieß ihn laufend in die Seite.

Und schließlich saßen Paul und Gerda da, die Besitzer meines Herrn Bruders. Sie hatten ihre Hochzeit lange hinter sich. Eva und Dan hatten sich viele Ratschläge von ihnen geholt. Sie wollten nicht alle Fehler noch einmal machen. Nur die schönsten.

Das Menü entsprach meinen Erwartungen. Obwohl wir in der Küche bereits ausgiebig verpflegt worden waren, schlichen wir unter dem Tisch herum und klopften den Gästen dezent mit den Pfoten an die Schienbeine. Die meisten waren so intelligent und taktvoll, unauffällig einiges von dem gerade laufenden Gang herunterzureichen. Nur ein paar erwiesen sich als völlig unbegabt und riefen mit schallender Stimme: »Ja, was willst du denn, Hunderl?«

Mancher lernt es eben nie.
Unter dem Tisch war es ganz interessant. Wir sahen die untere Hälfte der Gesellschaft. Smokinghosen und Lackleder, seidene Röcke über schönen Beinen und weniger schönen. Mit denen von Eva konnte keine andere mit. Ich marschierte zweimal herum, aber es blieb dabei. War ja auch meine Entdeckung, das Mädchen.
Oben war die Gesellschaft beim geeisten Fruchtsalat mit Maraschino angelangt. Bei den Getränken war der Fortschritt entsprechend. Die Gespräche wurden allgemein verständlich. Einige der Damen waren unbemerkt aus den Schuhen gekrochen und rieben die niedlichen Füßchen aneinander. Ich zwinkerte Ralf zu, und wir verschleppten lautlos etliche Pumps und Goldbrokatlatschen und sammelten sie dort, wo Evas späte Tante Magdalene saß. Es sah aus wie eine Kollektion von Salamander. Dann setzten wir uns in die Nähe der Tür, von wo aus man den Tisch gut übersehen konnte. Kurz darauf wurde die Tafel aufgehoben. Etliche der holden Teilnehmerinnen blieben verlegen sitzen, fummelten mit den Füßen unter dem Tisch herum und bekamen rote Köpfe. Ihre Begleiter sahen nach unten und entdeckten Tante Magdalenes Schuhsalon. Es dauerte eine Weile, bis sie ihn als unser Werk erkannten.
»Ach, die lieben Tierchen«, sagte Tante Magdalenes Mann und knirschte mit den Zähnen, und Evas Vater rief mit dröhnender Stimme, es sei komisch, daß die Damen ihre Schuhe alle eine Nummer zu klein kauften.

Anschließend wurde getanzt und getrunken. Eva war ununterbrochen beschäftigt. Die Gäste zirkulierten durch die Räume, und wir zirkulierten mit. Unter anderem besichtigten wir den Tisch mit den Geschenken.

Für manches Verbrauchsmaterial war der Ersatz gleich mitgeschenkt worden. Ich sah vier Teesiebe, drei Bügeleisen, acht Blumenvasen und zwei Kaffeemühlen. Geschirr und Tischdecken würden für die Enkelkinder noch ausreichen, soweit ich sehen konnte. Auf Babywäsche war taktvoll verzichtet worden, nur ein Spaßvogel hatte den Katalog eines Hauses für Säuglingsausstattung hingelegt.

Auf meinem Weg stieß ich auf Tante Wilhelmine. Ihre zwei Zentner waren ihr beim Tanzen hinderlich. Deswegen saß sie lieber und redete. Als Zuhörer hatte sie sich den jungen Doktor Becker gegriffen, der aus Anstand mit ihr eine Runde hatte drehen wollen. Jetzt war er festgenagelt, denn die Tante tat nichts lieber, als einem Arzt ihre Beschwerden zu schildern. Und das waren Beschwerden! Sie gehörte zu den Frauen, die seit ihrer Geburt keinen Bissen gegessen und keine Nacht ein Auge zugetan haben, aber dennoch kaum durch die Türen passen und nachts schnarchen, daß die Gardinen wedeln. Doktor Becker mußte sich das anhören, ohne Aussicht auf Bezahlung oder Krankenschein. Er rutschte auf seinem Stuhl herum und warf flehende Blicke in die Gegend. Ich beschloß, ihn zu retten.

Ich nahm einen kurzen Anlauf und sprang auf seinen Schoß. Leider hatte ich mich mit dem Schwung etwas verkalkuliert. Mit der Schnauze stieß ich sein Sektglas um, das dicht neben ihm auf dem niedrigen Tisch stand. Die Tante wurde nicht getroffen, aber der Sekt lief über die Decke, und das Glas zerfiel in zwei Teile, Stiel und Kelch. Die Hausfrau kam, und nun besprachen sie ausführlich das Unglück und kamen dann auf die Ungezogenheiten von Dackeln. Währenddessen konnte Doktor Becker sich unauffällig verdrücken und mit Evas Cousine tanzen, zu der er während der Krankengeschichte ständig hinübergeblickt hatte. Auch ich empfahl mich lautlos, zufrieden mit der Aktion.

Später bildeten sich kleinere Gruppen und Interessengemeinschaften. Ich schlich überall herum und hörte manches Interessante.

In einer Ecke, hinter irgendeinem ausländischen Gewächs mit riesigen Blätter, saßen Dans Mutter und Eva und berieten die Gebrauchsanweisung des Sohnes und Ehemannes.

»Er ist ein guter Junge«, sagte Mutti, »echt und gerade heraus. Du merkst sofort, wenn er schwindelt. Außerdem schwindelt er nie. Leider ist er mein Einziger geblieben. Hat immer alles für sich gehabt, nie teilen müssen, nie abgeben. Er kann furchtbar dickschädelig sein und eigensinnig. Wie sein Vater. Nur richtig behandeln, das ist alles. Laß ihn glauben, seine Ansichten wären die einzig brauchbaren. So hab ich es mit seinem Vater gemacht. Dann kannst du ihn um den Finger wickeln. Und wenn es mal nicht anders geht, machst du ihm einen richtigen Krach, dann ist alles in Ordnung. Gibst du mir noch ein Glas Sekt, Kleines?« Dann tranken die Damen. Ich schlenderte hinüber ins Herrenzimmer, wo Dan mit Evas Vater hinter einer Whiskyflasche versammelt war.

»Sie ist ein Prachtmädchen«, sagte unser Schwiegervater, »echt und gerade heraus. Schwindeln tut sie natürlich, wie alle Weiber, aber du merkst es sofort. Leider ist sie meine Einzige geblieben. Hat immer alles für sich gehabt, nie teilen müssen, nie abgegeben. Sie kann furchtbar dickschädelig sein und eigensinnig. Wie ihre Mutter. Richtig behandeln ist alles. Laß sie reden und tu, was du für richtig hältst. So hab ich es mit ihrer Mutter gemacht. Und wenn es mal nicht geht, legst du sie übers Knie und haust ihr den Hintern voll. Wirkt Wunder. Prost!«

»Prost, Vater«, sagte Dan. Ich ging hinaus und freute mich auf den Augenblick, in dem Eva und er zu gleicher Zeit nach den Ratschlägen handeln würden.

Die Balkontür war einen Spalt breit offen. Durch Säulen und stille Blätter fiel das Mondlicht gegen das Haus. Ich roch einen Hauch von Parfüm und schlich an der Wand entlang. Der junge Doktor Becker war mit Evas Cousine ins Freie entwichen. In einer entfernten Ecke standen sie in Deckung des Schattens nebeneinander. Zwischenraum war keiner.

»Wie ist es am nächsten Sonnabend?« fragte Doktor Becker.

»Ich – ich weiß nicht«, sagte sie und zerrupfte ein Efeublatt.

»Gleich weißt du es«, sagte er. Er drehte sich halb um, faßte sie am Kopf und küßte sie. Zuerst zappelte sie ein bißchen, dann hielt sie still und stiller und preßte sich fest an ihn, obwohl es gar nicht kalt war. Der Kuß dauerte lausig lange. Ich wurde ungeduldig und raschelte mit dem Efeu. Gisela fuhr zusammen.

»Was war das?«

Beckers Augen bohrten sich zu mir hinunter. Ich kam näher und grinste freundlich.

»Eine Ratte«, sagte er. »Eine Ratte mit langen Ohren.« Er bückte sich, griff mich am Fell und zog mich hoch. »Hier ist sie«.

»Der Blasi? Gott, bin ich erschrocken.«

»Der gute Blasi. Hat mich vorhin von der Tante befreit. Da war ich frei für dich.«

Sie lachte und streichelte mich.

»Ob er noch Hunger hat?«

»Diese Tiere haben nur einmal Hunger. Immer.«

»Ich hole ihm noch was.«

Sie lief davon.

Becker ging mit mir zur Bank an der Hauswand. Während er mich streichelte, murmelte er: »Kein schlechtes Mädchen. Hätte gute Lust, es genauso zu machen wie dein Herr Besitzer. Na, wir werden sehen.«

Gisela kam zurück. Sie trug einen Teller mit einem Berg wie ein Maulwurfshaufen. Es waren alles gute Sachen vom kalten Büfett. Obwohl ich mein Soll längst erfüllt hatte, fraß ich mich bis zum Porzellanboden durch. Wer konnte wissen, wie lange es dauerte, bis Becker sich entschloß und die nächste Hochzeit fällig war.

Am Fuße des Berges bekam ich aber doch Beklemmungserscheinungen. Ich verabschiedete mich, schlich davon und suchte das Eisbärfell im Salon auf. Ralf lag schon dort. Es schien ihm ähnlich zu gehen wie mir. An seinen Ohren war Mayonnaise. Sein Bauch war prall, und er stöhnte im Schlaf. Ich ließ mich neben ihm nieder und hoffte auf gute Verdauung.

Es weckte uns der Lärm der scheidenden Gäste. Noch einmal hielt das Hochzeitspaar allen Segenswünschen stand. Dan und Eva blieben für diese Nacht im Haus der Eltern. Als sie die Treppe zu ihrem Zimmer emporstiegen, hoppelte ich mit meinem vollen Wanst mühsam hinterher. Dan öffnete die Tür. Dann drehte er sich um. Ich setzte mich auf die oberste Stufe und sah ihm stumm ins Gesicht.

Er faßte Eva am Arm und deutete auf mich. Sie sah mich an, dann ihn. Sie lächelten sich zu.

»Nein, Blasi«, sagte Dan. »Heute nicht. Heute bleiben Frauchen und ich allein. Geh zurück auf dein Fell. Gute Nacht.«

»Nacht, Blasi«, rief Eva.

Die Tür schloß sich hinter ihnen. Ich wartete noch eine Minute. Dann machte ich entschlossen kehrt und stieg die Treppe hinab, aufrecht und mit Würde. Betteln kam nicht in Frage. Ein Mann muß allein sein können.

Das Fell war noch warm. Ich hatte es für mich allein. Ralf

war mit Paul und Gerda fortgegangen. Ich blieb noch eine Weile wach und wartete auf Einbrecher. Keiner kam. Wahrscheinlich hatten sie Betriebsferien.

Am nächsten Tag schleppten wir die Geschenke und Ersatzteile nach Hause und verteilten sie in die verschiedenen Schränke und Behälter. Dan hatte noch eine Woche Urlaub, um sich von den Strapazen erholen zu können. Sein Chef war verheiratet und konnte es ihm nachfühlen. Eva gab der Wohnung den letzten Schliff, um allen längergedienten Ehefrauen standhalten zu können. Ich machte mich nützlich, wo ich konnte, half ihr beim Einkaufen, vertilgte in der Küche überflüssige Reste und trug den Staublappen hinter ihr her. Die meiste Zeit aber saß ich auf meinem Lieblingsplatz in der Sonne des Wohnzimmers, sah auf die Straße hinunter und fing Fliegen. Mit Fliegen ist es einfach. Sie sind dumm und passen nicht auf und können obendrein nicht stechen. Anders bei den Wespen. Man muß blitzschnell zubeißen und wieder loslassen. Zuerst hatte ich es nicht so raus. Eine verpaßte mir einen Stich auf die Unterlippe, so daß ich aussah, als wäre ich an einen Omnibus gelaufen. Es schwoll erst nach drei Tagen ab und schmeckte wie kalter Gummi. Eva kühlte mir die Schnauze mit feuchten Läppchen. Seitdem war ich vorsichtiger und spuckte die Wespen mit Höllengeschwindigkeit aus, wenn ich sie erlegt hatte.
Dan saß in seinem Arbeitszimmer wie ein Konzernchef.

Er mußte die Familienpost erledigen und sich für alles bedanken. Er verwendete einen Einheitstext mit geringen Abweichungen. Ab und zu besuchte ich ihn und hielt ihm die Zunge hin, damit er die Briefmarken anfeuchten und seine eigene ausruhen lassen konnte. Später klebte er die Hochzeitsbilder ins Album und versah sie mit Unterschriften, die ihm ein Jahr später blödsinnig vorkamen.

An den Abenden besuchten wir unsere Bekannten, einen nach dem anderen, und holten uns gute Ratschläge. Bei Otmar schnorrten wir einige Bilder, die ihm sowieso niemand abgekauft hätte. Für ein trautes Bürgerheim waren sie zu wenig traut, aber für uns waren sie richtig, unsere Blößen an den Wänden zu bedecken. Nach Abschluß des Handels kamen die Herrschaften auf die Idee, mich porträtieren zu lassen. Ich mußte mich auf einen farbenbekleksten Tisch setzen, wurde schräg von hinten beleuchtet, und Otmar malte mich in Öl. Sein Künstlerauge durchbohrte mich von allen Seiten und sein Bart schimmerte wie ungewaschener Stacheldraht.

Dan und Eva betrachteten das fertige Bild mit Ergriffenheit. »Sehr ähnlich ist es nicht, oder?« fragte Eva.

»Es ist das Wesen des Dackels«, sagte Otmar. »Die Urform. Der Dackel an sich. Die Dackelhaftigkeit.«

»Ohne Zweifel, sehr dackelhaftig«, sagte Dan. »Aber sind das seine Ohren? Oder ist es das Wesen der Ohren?«

»Dir fehlt der künstlerische Blick. Die Sicht. Tritt etwas zurück, krümme den Zeigefinger zu einem Loch und sieh hindurch. Dann wirst du sehen.«

Dan tat, wie ihm geheißen. Sie starrten das Bild durch ihre Finger an, wie Gouvernanten durch die Stielbrille.
»Nun?« fragte Otmar.
»Hm«, machte Dan. »Von hier sieht es aus wie die Grundsteinlegung zum Hauptbahnhof. Was meinst du?«
»Ich würde eher sagen, es ist ein angebranntes Omelett«, antwortete Eva. »Man riecht es förmlich. Es kräuselt sich über der Flamme.«
»Die Tragik des Künstlers«, sprach Otmar, »liegt darin, daß er sein Leben lang von Leuten beurteilt wird, die weniger Kunstverstand haben als er. Ich leide sehr darunter.«
»Gib uns das Bild«, sagte Eva. »Wir hängen es auf und lassen die Leute raten.«
»Was will man von einem Weibe anderes erwarten«, sagte Otmar. »Noch dazu von einer Fotografin! Ihr Auge ist die Linse, ihr Herz der Entwickler! Schändliches Gewerbe!«
»Ärgere dich nicht«, erwiderte Dan. »Natürlich sieht man, daß es ein Dackel ist. Es sind alle Dackel der Welt zusammen. Wenn du einen Schnaps hättest, würde ich es noch besser sehen.«
Otmar zog die Flasche aus einem Pinselfutteral. Dann tranken sie, bis die Farbe trocken war, denn es war die Nacht zum Freitag, und das Wochenende hatte begonnen. Es war unser letztes ohne Arbeit, und wir ruhten noch einmal gründlich aus. Am Montag begann der Ernst des Lebens.
Dan stand früh auf, machte eine dienstliche Miene und

nahm die Thermosflasche mit. Als er weg war, räumte Eva ihre Dunkelkammer zurecht, malte sich ein Kundendienstgesicht an und stellte ihren Apparat auf. Drei Leute hatten sich für den Vormittag angemeldet. Ich kroch mit im Aufnahmeraum herum, um ihnen das Lächeln zu erleichtern.

Als erste erschien eine Dame von beträchtlichem Lebendgewicht. Sie roch nach Geld, tat vornehm und sagte ›abnehmen‹ statt fotografieren. Es wäre allerdings besser gewesen, wenn sie selbst abgenommen hätte, ehe sie sich fotografieren ließ. Aber das war nicht unsere Sache. Daran sollte ihr Arzt verdienen.

Eva bugsierte sie in den Stuhl vor die weißgrauen Wände und versicherte ihr, sie sähe fabelhaft aus. Kaum wiederzuerkennen seit dem letzten Mal.

»Wirklich?« fragte die Dame. Sie sah mich an, und ich nickte mit dem Kopf, obwohl ich wußte, daß es eine faustdicke Lüge war.

Eva betrachtete sie mit ernstem Kennerblick und rückte ihr Gesicht hin und her. Dann kroch sie mit dem Kopf unter ein schwarzes Tuch und in den Apparat hinein. Ich mußte daran denken, daß sie es damals genauso gemacht hatte, als Dan und ich zum erstenmal dagewesen waren und angefangen hatten, uns in ihr Herz einzuschleichen.

Die Dame fragte: »Nehmen Sie mich en faze oder en profiich?«

Eva blieb ernst.

»Ich glaube, en faze ist besser. Ihr Gesicht kommt viel

eindrucksvoller. Es wäre schade, auf eine Hälfte davon zu verzichten.«

Mir schien es völlig gleichgültig, wie man sie nähme. Sie war von allen Seiten gleich dick. Es war nur die Frage, wie man das größte Format herausschinden könnte, und deswegen nahm Eva sie wohl auch en face statt en profiil.

Nun mußte die Dame lächeln, und das brachte sie in Schweiß. Man sah, daß sie ungeübt war und wenig lächelte, wie alle Leute mit viel Geld. Bei uns wurde mehr gelacht.

Schließlich schaffte Eva es, die Dame mit Lächeln en face zu nehmen. Der Verschluß klickte, und eine Stunde war uns im Fluge vergangen. Am Mittwoch wären die Bilder fertig. Aber selbstverständlich, gnä' Frau, Sie können sich darauf verlassen.

Dann schritt sie en face zur Tür hinaus, und wir blickten erschöpft hinter ihr her.

Die nächste war eine junge Frau mit einem Säugling. Ich fürchtete Schlimmes, aber er war fröhlich und friedlich. Ohne jedes Theater ließ er sich sein blaues Wollwams ausziehen, legte sich bäuchlings auf den Tisch mit dem Lammfell und grinste in die Linse. Dann sah er mich und fing an zu krähen und streckte einen Arm aus. Eva knipste ein paarmal, fertig waren wir. Zur Belohnung griff Eva mich am Kragen und hielt mich dicht vor ihn hin. Ich blieb still hängen, während er vor meiner Nase herumfuchtelte. Es roch nach Kinderpuder.

Dann zog ihn die Mama wieder an. Aber plötzlich war es

mit seiner Fröhlichkeit zu Ende, er fing an zu brüllen. Gleichzeitig begann es anders zu riechen, nicht mehr nach Kinderpuder. Die neuen Hosen waren voll. »Das macht die Aufregung«, sagte die Mutti. »Er war noch nie beim Fotografen.«

»Dafür hat er es aber sehr schön gemacht. Passen Sie auf, der kommt mal zum Film.«

»Ich werde ihm den Hintern vollhauen«, sagte die junge Frau.

Aber erst saubermachen, dachte ich.

Dann zogen Mama und Sohn von hinnen, und Eva machte die Fenster auf, damit der nächste Kunde nicht denken sollte, es röche immer so bei uns.

Der letzte war ein Mann. Er war schwarz gekleidet und sah so traurig aus, als wollte er zum eigenen Begräbnis. Er war Stadtsteuerinspektor und wahrscheinlich so vergrämt über die zahlreichen Hinterziehungen. Es war nicht möglich, ihn zum Lachen zu bringen, und wir nahmen ihn so, wie er war, traurig und en profiich, um nur die eine traurige Hälfte drauf zu haben.

Alsdann war es hohe Zeit zum Mittagessen. Wir aßen im Gefühl freudig erfüllter Pflicht und getaner Arbeit. Nach der Mittagsruhe klapperte Eva in der Dunkelkammer herum und entwickelte die reiche Dame, den Säugling mit den vollen Hosen und den melancholischen Inspektor. Währenddessen döste ich auf dem Fensterbrett, schnappte dann und wann nach einer Fliege und wartete auf das Oberhaupt unserer Familie. Man konnte merken, daß er

Beamter war. Pünktlich ein Viertel vor fünf rollte er an. Er hupte, Eva öffnete die Wohnungstür, und ich wetzte die Treppen hinunter und ihm entgegen. Nach der üblichen Begrüßungszeremonie, bei der ich einen Spezialtanz aufführe und ein kleines Lied singe, betraten wir das traute Heim.

Eva bekam einen Kuß und zur Feier des ersten Arbeitstages Pralinen gehobener Qualität. Ich weiß das, weil ich gleich darauf eine zu mir nahm.

Dan warf sich in den Sessel und verlangte nach kühlem Whisky. Er wurde sogleich kredenzt.

»Wie war's?« fragte Eva.

»Der alte Saftladen. Gustav, die Flasche, ist weg und hat mir einen Haufen unerledigten Quatsch zurückgelassen. Vier Mopeds, zwei Autoreifen, ein geknackter Automat, drei aufgebrochene Gartenlauben und so weiter. Und der Alte hat schlechte Laune, weil er wieder nicht Kriminalrat geworden ist. Das wär's.«

»Vielleicht wirst du es.«

»Nicht mit dieser Führung. Mir fehlt der nötige Ernst, weißt du. Ich hätte es lieber mit der gegenteiligen Laufbahn versuchen sollen. Als Einbrecher.«

»Der Unterschied macht dir nichts aus?«

»Nicht viel. Eigentlich nur die fehlende Altersversorgung.«

»Die wäre doch im Gefängnis gesichert.«

»Schon. Aber was wird aus dir?«

»Wenn du gut gearbeitet hast ...«

»Ja, wenn. Bei uns kriegst du die Pension auch, wenn du weniger gut arbeitest. Aber in *der* Laufbahn halten sich nur Spitzenkräfte.«
»Kein Wunder, daß sie dich halten. Bei solchen Kommissaren.«
Nach dieser grundlegenden Auseinandersetzung über das Wesen des Polizeiberufes erzählte Eva von unserer Arbeit. Dan war voller Anerkennung.
»Wenn ich dich nicht hätte, müßte ich glatt verhungern«, sagte er.
»Du bist doch vorher nicht verhungert.«
»Da war's auch nicht so teuer. Hältst du was von Abendbrot?«
»Alles.«
Wir machten noch einen Abendspaziergang durch den Park. Ich durfte ohne Leine laufen und suchte meine Stammbäume auf. Ich prüfte sie sorgfältig vor Gebrauch, denn ich liebe es gar nicht, wenn Unbefugte sie benutzen. Der Wind war jetzt schon kühler, und die Sonne rutschte schneller ab. Die Blätter bekamen gelbe Ränder und einige von ihnen gaben es schon auf und ließen sich fallen. Bald würde der Schnee kommen, mit nassen Pfoten und Viehsalz, das so scheußlich brannte, wenn man nicht aufpaßte und darüberlief.
Ich freute mich aufs Bett.
Am nächsten Vormittag mußten Eva und ich auswärts arbeiten. Dan war mit der Straßenbahn gefahren und hatte das Auto dagelassen. Eva packte Apparate, Filme,

Stativ und Blitzkasten hinein. Ich nahm neben ihr Platz. Wir kurbelten durch den Verkehr bis zu einem fremden Stadtteil. Eva fuhr in den Hof eines fünfstöckigen Warenhauses, wo ich vor Krach mein eigenes Bellen nicht hören konnte. Sie nahm das Handwerkszeug mit. Der Fahrstuhl trug uns nach oben, dann wanderten wir durch lange Gänge. Wir landeten in einem weiten, hellen Raum mit Sesseln, Teppichen, Kleiderständern und Spiegeln. Eva wurde von einer majestätischen Dame begrüßt. Hinter einem Samtvorhang kam das Geschnatter von Mädchenstimmen hervor.
Gleichzeitig nahm ich einen Geruch wahr, der mir bekannt erschien, aber ich wußte nicht mehr, wo ich ihn hintun sollte.
Dann ging der Zauber los.
Ein Mädchen kam heraus mit einem Kostüm, an das man sich erst gewöhnen mußte. Ein glockenförmiger Hut hing ihr über die Augen. Wenn sie ausging, würde sie einen Blindenhund brauchen. Sie stellte sich graziös vor die Kamera, und Eva blitzte und knipste aus allen Schußwinkeln.
Sie verschwand, und die nächste trat auf. Sie trug ein Abendkleid wie eine garnierte Kremtorte und lächelte verzückt in die Linse. Als die dritte erschien, fiel mir der Unterkiefer aufs Halsband, und ich wußte, was ich vorhin gerochen hatte. Es war Reni, die blonde Göttin aus der Hotelbar, die so gekonnt die Treppe hinuntergefallen war.
Ich hätte mich lieber ruhig halten sollen, aber ich kann

meine Bekannten so schwer verleugnen. Ich lief auf sie zu und wedelte fröhlich. Sie erkannte mich.

»Blasius!« rief sie, »wie kommst du denn hierher? Wo hast du Herrchen gelassen?«

Sie trug ein Kleid, das wie ein Sack über ihre Figur fiel. Irgend jemand hätte ihr einen Gürtel geben sollen. Sie hockte sich vor mich hin und streichelte mich. Eva kam heran.

»Kennen Sie ihn?«

»O ja«, zwitscherte Reni. »Aus der Palastbar. Sein Herr gab ihn mir zur Aufbewahrung. Süß war er.«

Es blieb offen, ob ich oder der Herr gemeint war. Reni erhob sich. Die Damen lächelten sich an.

Eva sagte: »Diesmal muß ich ihn aufbewahren.«

»Kennen Sie Herrn Nogees auch?«

»Ich kenne ihn auch.«

»Netter Mann, nicht?«

»Sehr nett.«

Reni sah Evas Ring, aber sie schien nichts daraus zu schließen.

»Grüßen Sie ihn bitte von mir, wenn Sie ihn sehen. Von Reni. Er soll sich mal wieder blicken lassen.«

»Danke. Mach ich gerne. Wollen wir knipsen, Fräulein Reni?«

Reni nickte voller Huld. Sie legte die Arme auf die Hüften und stellte die Beine verdreht hintereinander, wie es nur Mannequins können und sonst niemand. Das blonde Haupt warf sie zurück. So wurde sie mitsamt dem Sack-

gewand verewigt. Dann verschwand sie hinter dem Vorhang, nicht ohne mir zugewinkt zu haben. Ich blickte sorgenvoll zu Eva. Es war nichts an ihr zu bemerken, sie lächelte bloß leise. Erzstabile Frau.
Es ging noch lange weiter. Alle Mädchen, Reni eingeschlossen, kamen in tollen Verkleidungen wieder. Ich setzte mich zeitweise neben den Vorhang, hinter dem die Tür offen stand, und hörte die Mädchen kichern und Witze erzählen, durchaus keine harmlosen. Wenn ich gekonnt hätte, wäre ich errötet. Wo sie das nur herwissen!
Zur Mittagszeit war Schluß. Eva packte zusammen, die Kleider wurden abtransportiert, die Mädchen beeilten sich fortzukommen. Reni verabschiedete sich und strich mir über die Figur.
»Bye, bye, Blasi! Grüß Herrchen schön!«
Meine Ohren rochen noch drei Tage nach ihrem Parfüm.
Wir aßen im Erfrischungsraum des Hauses zu Mittag, auf Spesenkonto. Eva kaufte noch ein. Dann rollten wir heimwärts. Den ganzen Nachmittag hatten wir mit dem Entwickeln zu tun. Am Abend kam Dan guter Dinge nach Hause. Er hatte eine geistige Flasche mit. Beim Abendschoppen sagte Eva: »Schönen Gruß von Reni.«
»Danke. Wer ist das?«
»Kennst du nicht?«
»Nein.«
»Blasius kennt sie.«
»Ist es ein Hund?«
»Ein Mädchen. Sehr blond, noch schlanker. Palastbar.«

Dan kramte in seinem Gedächtnis.

»Palastbar? Na, ich kenne billigere – ach, jetzt poltert der Groschen. Die Brillantengeschichte. Ja. Fiel die Treppe hinunter in meine Arme. Hütete Blasi, während ich beim Direktor war. Das ist Reni ! Wie kommt's?«

»Sie geriet mir vor die Linse. Heute bei Lettenkamp.«

»Mit oder ohne was an?«

»Mit.«

»Uninteressant.«

Dan küßte die Fotografin. Damit war der Fall für diesmal erledigt. Leider noch nicht für immer.

Wenn ich an die folgenden Tage zurückdenke, möchte ich sie nicht missen. Aber sie brachten elende Unruhe in mein Dasein.

Die Liebe packte mich.

Zum erstenmal sah ich Loni im Park, bei einem der abendlichen Spaziergänge. Mein Herz fing an zu buppern, als hätte ich einen Hasen gejagt.

Sie war kleiner und zierlicher als ich. Träumerische Augen, Nase tiefschwarz, hellbraunes Fell mit kleinen, sinnverwirrenden Löckchen. Einen Gang hatte sie wie die Mannequins im Kaufhaus Lettenkamp, wenn sie die teureren Modelle trugen. Sie tänzelte, berührte kaum den Boden. Dan sagt auch immer, daß man eine Frau erst gehen sehen muß, bevor man sich entscheidet. Manche machen im Sitzen viel her und latschen dann wie ein Soldat auf dem Rückzug.

Ich sah sie gehen und entschied.
Das schönste Dackelmädchen der Welt. Ungefähr ein halbes Jahr jünger als ich, genau die richtige Preislage. In meinen Eingeweiden fing es an zu ziehen, und die Ohren zitterten mir.
Neben ihr stolzierte würdigen Schrittes ein älterer Dakkelherr. Ihr Vater vermutlich. Sein Bart schimmerte schon silbern, und Besonnenheit lag auf seinen Zügen. Mit der Figur würde er keinen Preis mehr gewinnen, aber sein Fell war lang und ohne Tadel. Er gefiel mir, denn trotz der vorbildlichen Haltung war in seinen Augen eine versteckte verschmitzte Fröhlichkeit, als wäre er ununterbrochen bereit zu jedem Unsinn, dürfte es nur nicht zeigen. Später stellte sich heraus, daß ich recht damit hatte.
Begleitet waren Vater und Tochter von einem wahrhaft majestätischen Mann. Er ging drei Meter hinter ihnen her, die Hände auf dem Rücken verschränkt, und blies aus einem Balken von Zigarre dichte Wolken in die Natur. Er trug ein grünes Jägergewand, dicke Strümpfe über beachtlichen Waden, auf dem Kopf einen Waidmannsheilhut. Im Gesicht hatte er Narben, als wäre er durch ein Schaufenster gefallen, und darunter hing ein schöner Bart auf die Brust herab. Sicher war er der Besitzer meines künftigen Glückes. Man würde behutsam mit ihm umgehen müssen, auch wenn er Dackel gern hatte.
Ich begann, in unauffälliger Manier auf mich aufmerksam zu machen. Ich startete, sauste über den Rasen, dann über den Weg und schnitt die Kurve scharf vor Vater und Toch-

ter, daß ihnen der Sand ins Gesicht spritzte. Mit dem nächsten Anlauf setzte ich elegant über sie hinweg, und anschließend flitzte ich in engen Kreisen um sie herum. Es fruchtete nichts. Sie mußten vortrefflich erzogen sein. Sie nahmen keinerlei Notiz von mir und meinen Leistungen. Natürlich ist es nicht einfach, auf der Straße die Bekanntschaft eines Mädchens zu machen. Eine Dame muß auf sich halten. Aber dieses Benehmen verdroß mich.
Schließlich war ich ebenbürtig und von Adel. Sie taten so, als hätte der Prinzregent persönlich sie gezüchtet.
Ich hörte mit dem Kreisen auf und trippelte neben dem Mädchen her, als gehörte ich zur Familie. Dabei schielte ich sie freundlich von der Seite an. Als immer noch nichts erfolgte, winselte ich leise und herzzerreißend.
Zum ersten Male wandte sie kurz den Kopf mit den großen Augen in dem hellen Fell. Mir wurden die Knie weich. Ihr Blick war vorwurfsvoll, als wollte sie ausdrücken, welche Beleidigung es für sie sei, in dieser Form belästigt zu werden. Trotzdem war es der schönste Blick, den ich je eingefangen hatte. Ich wollte sie gerade sanft hinters Ohr küssen. Da erscholl eine Stimme hinter mir wie eine Posaune.
»Entweiche augenblicklich, Untier!«
Es war der bärtige Jäger. Ich erschrak und scherte zur Seite aus. Er stand auf und warf mir über die Zigarre einen Blick zu wie ein Schrotschuß.
»Benehmen wie die Axt im Walde!«
Nach dieser Feststellung schritt er weiter. Ich wartete ängstlich, bis Dan und Eva herankamen. Der Dackelvater

hatte überhaupt nicht reagiert. Er schlenderte geradeaus, als wäre er allein auf der Welt.

Also bis jetzt war es noch nichts. Glatt abfahren lassen hatten sie mich. Immerhin, ganz umsonst war der Einsatz nicht gewesen. Sie hatte mich gesehen. Man muß erst mal erreichen, daß die Mädchen einen registrieren, sagt Dan immer. Neugierig werden sie dann von allein. Wenn sie auch so tun, als wäre man verdünnte Luft, irgendein Eindruck bleibt immer. Und wenn es ein schlechter ist.

Ich guckte wie ein Luchs hinter ihnen her, um zu erfahren, wo sie hingingen. Sie bogen nach rechts in einen Nebenweg ein. In angemessenem Abstand und mit halber Fahrt zog ich mit. Die Dackel wurden ab und zu durch das Gras verdeckt, aber der Herr war nicht zu übersehen. Ihr Weg endete an einer Villa, die den Anlagen gegenüber an der Parkstraße lag. Ich hatte sie schon oft gesehen, aber nie gewußt, welchen Schatz sie barg. Herr und Hunde verschwanden hinter dem eisernen Gatter. Weg waren sie. Ich blieb mit der Liebe allein.

In der Nacht überlegte ich, was man tun könnte. Eine Festung ist da, um genommen zu werden. Wer wagt, gewinnt, oder bekommt Prügel.

Am nächsten Abend spähte ich vergebens nach meiner Angebeteten. Sie kam nicht, nicht ihr Vater und nicht der wilde Jäger. Dafür gelang es mir, Eva und Dan auf den Nebenweg mitzukriegen. Ich bog einfach ein und lief weiter. Dan pfiff, aber ich war völlig taub. Hier ging es um mein Glück. Schließlich kamen sie hinter mir her, um mich

nicht zu verlieren. Ich sprintete schnell zwischen zwei Autos über die Straße. Von nahem sah die Burg nicht gefährlich aus. Gepflegtes Haus zwischen Bäumen und Laub. Zaun mit Steinsockel, darauf Gitterstäbe. Mit Anlauf konnte man über den Sockel, auch die Stäbe standen genügend weit auseinander. Sehr günstig. Ich lief noch zur Pforte. Hier war es schwieriger durchzukommen, weil die Stäbe und Verzierungen zu wenig Raum ließen. Dafür roch es hier so atemberaubend nach Dackel, daß mir schwindlig wurde und meine letzten Bedenken dahinschmolzen wie Käse im Sommer.
Ich beeilte mich, zurück zum Park und zu meinen Eigentümern zu kommen, um mich nicht zu verraten. »Was sind das für neue Moden?« fragte Dan. »Hören tust du auch nicht mehr, du armes, altes Tier! Wir werden dich in ein Heim geben müssen.«
Ich schwänzelte vergnügt und tat so, als wüßte ich gar nicht, was er wollte.
In den nächsten Tagen trieb ich mich um die Villa herum, so oft sich Gelegenheit bot. Mal ging Eva einkaufen, mal holte Dan Zigaretten. Währenddessen ließen sie mich herumlaufen, und ich konnte spähen, ob mein Glück in Sicht war.
Dann kam mir der Zufall zu Hilfe, wie es sich für eine zünftige Liebesgeschichte gehört. Es war Freitagabend. Eva mußte im Fleischerladen anstehen, denn die Hausfrauen hatten sich in hellen Haufen versammelt. Ich lungerte kurz an der Tür herum, sah, daß es mindestens zwan-

zig Minuten dauern würde und strich ab, Richtung Villa. Als ich in die Straße einbog, stockte mir das Blut im Kreislauf. Ich sah sie, das Gefäß der Wonne. Sie war ein Stück vom heimatlichen Zaun weg und schnupperte an einem Baum. Süßes Bild. Aber noch etwas anderes sah ich, und der Zorn stieg mir in die Nüstern.

Sie wurde belästigt. Irgendein verfluchter, minderwertiger, struppiger Bastard trieb sich um sie herum. Er war größer als wir, hatte wäßrige Stielaugen und ein schiefes Maul. Ein Ohr hing herunter, das andere versuchte, aufrecht zu stehen, gab es aber nach dem halben Weg auf und bog wieder nach unten um. Er hatte einen filzigen Bart, eine eingedellte Brust und Beine wie ein Maikäfer. Sein Fell sah aus, als wären die Motten drin. An seiner Stelle hätte ich es mal mit Waschen versucht, aber er schien nichts davon zu halten. Im ganzen sah er aus, als hätten sich vier Rassen in ihm vereinigt und stritten nun herum, wer an dem Unglück schuld wäre. Normalerweise hätte ich ihn bedauert, jetzt sah ich rot.

Man staunt immer wieder, was für eine Frechheit diese Burschen an den Tag legen. Unsereiner ist schüchtern, verbirgt seine Gefühle, nähert sich artig und voller Anstand – wenigstens meistens. Nichts von alledem war in ihm. Mit einer unglaublichen Dreistigkeit schnüffelte er an meiner Göttin, beglotzte sie aus seinen Triefaugen und schlug mit seinen dreckigen Pfoten nach ihr. Zurückhaltung, Achtung vor dem Höhergeborenen, Zartgefühl einer Dame gegenüber – keine Spur.

In einer Sekunde beschloß ich, ihn vom Erdboden zu vertilgen. Ich startete. Als ich bei ihm war, hatte ich etwa sechzig Stundenkilometer erreicht. Mit dieser Geschwindigkeit stürzte ich mich auf ihn.
Ich traf seine Breitseite wie eine Rakete. Er war völlig überrascht. Wir überschlugen uns und kugelten auf dem Gehsteig entlang, bis ein Baum uns aufhielt. Dann ging es richtig los. Er baute sich auf, fletschte seine gelben Zähne und begann mit scheußlicher Stimme zu knurren. Vielleicht dachte er, ich würde erschrecken. Weit gefehlt.
Ich unterlief ihn und biß ihn ins Bein. Er jaulte, wollte hochspringen, aber ich hielt fest, als hätte ich eine Hühnerkeule. Leider war ich so zu sehr in seiner Reichweite. Um meine Ohren nicht zu gefährden, mußte ich loslassen. Er hinkte und war nicht mehr so beweglich. Das war günstig. Was er an Größe voraus hatte, mußte ich durch Geschwindigkeit ausgleichen. Ich griff ihn von allen Seiten unablässig an. Er schnappte wild nach mir, faßte aber meist nur mein Fell, womit ich reichlich versehen bin, und verfehlte die edleren Teile. Fauchend und jaulend rollten wir auf der Straße herum. Ich fiel über die Bordkante hinunter und mit dem Rücken in etwas Feuchtes, was nicht zum Besten roch. Im Liegen erwischte ich seinen Schwanz und zog mich daran hoch. Dabei fing ich einen Blick des Dackelmädchens. Sie sah mit großen Augen zu, sie lief nicht weg. Frauen sehen ganz gerne eine Keilerei, vor allem, wenn sie ihretwegen stattfindet. Ich bemühte mich doppelt, keine schlechte Figur zu machen. Ich war bestens

in Form. Nur meine langen Ohren erwiesen sich als hinderlich, und es tat lausig weh, als mir das linke zwischen die Zähne geriet und ich hineinbiß. Immerhin konnte ich daraus schließen, wie ich meinem Widersacher zusetzte, diesem hergelaufenen Vagabunden. Auch er hatte mir schon ein paarmal eklig die Zähne in die Figur geklemmt. Das steigerte nur meinen Zorn.

Man kann schlecht sagen, wie es ausgegangen wäre. Er war größer und stärker als ich, nur nicht so wendig. Möglich, daß er länger ausgehalten hätte. Als Stadthund ist man nicht so trainiert. Aber ihm fehlte, was allen diesen unreinen Verkehrsunfällen fehlt: das Herz des Kämpfers. Der Wille, lieber zu sterben, als aufzugeben. Der Mut, den man braucht, um in einem finsteren Schlauch von Röhre nach zwei ausgewachsenen Dachsen zu suchen, ohne Rücksicht auf Verluste und die Wiederkehr zum Licht. Die Ausdauer, zu kämpfen bis zum Umfallen. Er drehte ab und trat den Rückzug an. Das gab mir einen gigantischen Auftrieb. Mit einem Satz schnappte ich ihn noch einmal und riß zum Abschied einen soliden Fetzen aus seinem Fell. Er jaulte und sauste davon. Ich kläffte hinter ihm her, bis mir der Rest der Puste ausging. Dann blieb ich erschöpft sitzen.

Die Dame, derentwegen ich Leben und Gesundheit riskiert hatte, war dem Kampf bis zum Ende gefolgt. Sie stand am Zaun und schien ehrlich ergriffen. Ich hoffte, daß sie kommen würde und sich bedanken. Schließlich hatte ich sie vor einem Unhold und unsere Rasse vor einem schweren

Schaden bewahrt. Da hörte ich eine Stimme vom Haus.
»Loni! Gehst jetzt her!«
Loni! Wenigstens den Namen wußte ich jetzt. Als ich mich umdrehte, sah ich ein junges Dienstmädchen am Gartentor stehen. Wahrscheinlich hatte sie die Keilerei mit angesehen.
Loni schlenderte langsam von dannen. Ich sah ihr nach, mit hängender Zunge und mit Trauer im Busen. Aber an der Tür drehte sie sich um und warf einen Blick zurück. Einen Blick, der mich für alle Unbill entschädigte und mich alle schmerzenden Stellen auf einmal vergessen ließ. Dankbarkeit, Anerkennung, und noch ein bißchen mehr.
Die Tür schlug zu. Ich trottete davon, matt aber glücklich.
Beim Fleischer kam ich gerade zurecht. Eva trat heraus, sah mich und rief: »Wie siehst du denn aus? Haben sie dich überfahren? Und was hast du da am Rücken?«
Es stellte sich heraus, daß es der Rest eines Pferdeapfels war. Gleichviel. Mir war es wie ein Orden, der mir auf dem Schlachtfeld verliehen worden war.
Oben reinigte Eva mich gründlich. Sie erschrak, als sie etliche Abdrücke von Zähnen und blutunterlaufenen Stellen fand.
»Ach, mein Kleiner! Sie haben dich gebissen, die Bösen! War es schlimm?«
Nichts, dachte ich. Völlig unerheblich. Nur einen stinkenden, vermaledeiten Bastard in die Flucht geschlagen. Nicht der Rede wert. Mit sechs solchen nehme ich es auf.

Ich leckte aber noch eine Weile an meinen Wunden herum, bevor ich einschlief.
Es erhob sich die Frage, was nun weiter zu tun wäre. Ich wollte keine Zeit verlieren. Die Konkurrenz ist zu groß. Loni kannte mich jetzt. Ich mußte sie wiedersehen. Aber wie? Ich konnte nicht den ganzen Tag um das Haus herummarschieren wie ein Posten um die Kaserne und mich mit hergelaufenem Gesindel herumprügeln.
Ich wurde dann so plötzlich mit der ganzen Familie bekannt, daß es mir fast peinlich war.
Es geschah um die Mittagszeit, einige Tage später. Die Wunden waren verheilt, die Schmerzen vergessen. Eva hatte in der Küche zu tun. Sie ließ mich hinunter und ging wieder nach oben, nicht ohne die Ermahnung, keinen Unfug zu treiben und keine Schlägerei anzufangen.
Natürlich lief ich mit Höchstgeschwindigkeit zur Villa hinüber. Als ich die letzte Ecke nahm, sah ich, wie das niedliche Dienstmädchen die Gartentür aufhielt. Loni trippelte hindurch. Ihr Vater folgte ihr, gemessen und ohne Eile. Weg waren sie. Die Tür fiel zu.
Ihnen stand das Mittagessen bevor.
Ich aber beschloß, Einbrecher zu werden.
Der normale Weg war versperrt, da war nichts mehr zu holen. Blieb nur der Zaun.
Ich erreichte ihn schnell. Mit den Vorderpfoten kam ich gerade bis auf den Steinsockel und sah, wie die Prozession im Eingang des Hauses verschwand. Niemand war im Garten. Ich ließ mich runter und nahm von der Bordkante

aus Anlauf. Beim erstenmal klappte es nicht. Beim zweiten schoß ich wohlgezielt zwischen zwei Gitterstäben hindurch und landete in welken Blättern wie ein Fallschirmjäger. Ich orientierte mich schnell und arbeitete mich von Busch zu Busch vorwärts.

Die Haustür sah sehr verschlossen und abweisend aus. Dafür war daneben ein Schild befestigt.

›Lieferanten bitte den hinteren Eingang benutzen!‹ Ich hatte zwar nichts zu liefern, war aber dankbar für den Hinweis. Ich blieb in Deckung der Büsche und schlich links am Haus vorbei. Die Fenster waren geschlossen, in den Blumenkästen schüttelten sich späte Blüten im Wind. Die Vorhänge hingen ruhig, nichts bewegte sich, niemand schien mich zu sehen.

Als ich die rückwärtige Front erreicht hatte, witterte ich einen unverkennbaren Geruch gebratenen Fleisches und lieblicher Soße. Die Küche.

Gleich darauf konnte ich die Rückseite übersehen. Eins der Küchenfenster stand halb offen und ließ die guten Düfte heraus. Sie festigten meinen Entschluß, in dieses Haus einzudringen, und wenn es voll von bengalischen Königstigern wäre.

Leider war der Lieferanteneingang genauso dicht wie die Haustür. Klingeln konnte ich nicht. Da sah ich zu meiner Freude, daß ein kleines Fenster zu ebener Erde einen Spalt offenstand. Der Rahmen war schwarz beschmiert, es schien zum Keller zu gehören. Egal. Besser als gar kein Weg. Ich peilte noch einmal scharf um mich und zu den

Fenstern, aber ich konnte niemanden sehen. Mit ein paar Sätzen war ich über den Sandweg am Fenster und stieß es auf. Leider hatte ich wieder mal zuviel Schwung. Ein Fensterbrett war auch nicht da. Ich geriet auf eine hölzerne Rutsche und sauste zu Tal. Die Rutsche war urplötzlich zu Ende. Ein kurzes Stück schwebte ich frei in der Luft, schloß die Augen und zog die Beine an. Dann knallte ich in einen Haufen Eierkohlen, sank ein, überschlug mich, rollte endlos darin herum. Als ich einigermaßen Halt gefunden hatte, rasselte ein halber Zentner von oben nach und schlug über mir zusammen.

Für den Anfang sehr ärgerlich. Ich arbeitete wie ein Bergmann, um an die Luft zu kommen, aber sie war voll von Kohlenstaub und schmeckte wie alter Mohnkuchen. In Ohren, Augen, Zähnen, überall knisterte es. Ich wühlte mich frei und schüttelte mich gewaltig. Eine neue Staubwolke war die Folge, und dann sah ich genauso aus wie vorher. Langsam gewöhnte ich mich an das Dunkel. Ich konnte die Umrisse des Kellers sehen und auch das Fenster, durch das ich meinen Einzug genommen hatte. Überall lagen Kohlenhaufen. An einer Wand stand ein staubiges Regal mit runden Holzbündeln. Die Herrschaften hatten ihren Brennvorrat schon im Sommer eingekauft. Sehr vernünftig. Die Tür bestand aus kreuzweise genagelten Latten. Wenn sie verschlossen war, war es das Ende der Reise, und nur markerschütterndes Heulen würde hier noch helfen.

Sie war es nicht. Ich ersah daraus, daß keine Untermieter

im Hause wohnten. Es knarrte leise, als ich sie aufstieß. Der Gang führte geradeaus weiter, an anderen Türen vorbei. Eine davon war ganz aus Eisen und daran stand ›Luftschutzraum! Bei Fliegeralarm Ruhe bewahren! Blase und Darm leeren!‹

Im Moment hatte ich anderes zu tun. Zweimal mußte ich fürchterlich niesen, weil der Kohlenstaub mich kitzelte. Dann kroch ich weiter durch die Finsternis. Ich passierte zwei alte, gurkenduftende Tonnen, ein rostiges Fahrrad und zwei Fallen mit je einer toten Maus darin. Plötzlich sah ich zu meinem unsäglichen Entsetzen eine riesige, widerliche kohlschwarze Ratte auf mich zuschleichen.

Sie kam genau von vorn. Ihre Augen leuchteten zu mir her. Sie hob die Lefzen und fletschte die Zähne. Ihre Ohren kamen mir etwas komisch vor, aber in der Aufregung sann ich nicht weiter darüber nach.

Einen Augenblick lang dachte ich trotz meiner hohen Abstammung ans Ausreißen. Dann aber verwarf ich diesen schwächlichen Gedanken. Es half doch nichts. Es war der zweite Kampf, den ich bestehen mußte um meiner Liebe willen.

Ich duckte mich. Sie tat dasselbe. Knurren sparte ich mir, schoß unvermittelt los, zur gleichen Zeit, als sie startete. Ihre glühenden Augen schnellten auf mich zu. Dann krachte es nicht unerheblich. Tausend niedliche Sterne flimmerten um mich herum. Als ich zu mir kam, sah ich die Bescherung.

Von Ratte keine Spur. Kein Lebewesen außer mir war auf

dem Gang. Aber dort, wo er rechtwinklig umbog, hatten diese Teufel von Bewohnern einen großen Spiegel hingestellt. Ich hatte mich selbst für die Ratte gehalten und war mit der Gedächtnishalle gegen das Glas geknallt wie ein Rennfahrer gegen eine Mauer. Jetzt konnte ich mein verdattertes Antlitz ganz aus der Nähe betrachten.

Dieses dreimal verfluchte Haus würde mich noch an den Rand des Wahnsinns bringen. Immerhin – besser als eine lebende Ratte und gut vor allem, daß der Spiegel nicht umgekippt war und ich kein Loch hineingebohrt hatte. Das wäre noch zwei Straßen weiter zu hören gewesen. Aber es war ein sehr stabiler Spiegel aus der guten alten Zeit.

Ich mußte mich sammeln und lauschte, ob vielleicht doch jemand käme. Nichts. Nur die Gurken dufteten. Da warf ich noch einen verachtungsvollen Blick in den Spiegel und schlich weiter.

Der Gang endete an einer Treppe. Sie hatte hohe, steinerne Stufen und schien kein Ende zu nehmen. Dennoch. Es blieb nichts übrig, als nach oben durchzubrechen.

Ich erreichte eine massive Holztür. Auch sie war nur angelehnt. Wahrscheinlich hatte ich den Tag der offenen Tür erwischt. Ich schob mich vorsichtig durch und sah einen Vorraum mit Steinfußboden, ein paar Schränken und mehreren Türen. Gleichzeitig schlug mir wieder der nahrhafte Geruch in die Nüstern, und ich hörte zwischen Geschirrgeklapper eine Mädchenstimme summen: »Wo weilst du, Geliebter mein?«

Keine Ahnung, dachte ich. Nur ich bin in der Nähe. Ich lief schnell und lautlos durch den Raum, in der Hoffnung, einen Ausgang zu finden. Aber diesmal war's Essig. Alles zu, bis auf die Küchentür.

Ich nahm Deckung hinter einem der Schränke. Was tun? Jeden Augenblick konnte jemand kommen und über mich stolpern. Zurück in den Keller war Blödsinn. Da konnte ich gleich anfangen zu bellen. Und in der Küche war das Mädchen. Wenn sie herauskam?

Es war, als hätte sie meine Gedanken erraten. Ihre Schritte und ihr Gesang wurden lauter. Sie erschien in der Tür. Zu meiner ungeheuren Erleichterung ging sie in die andere Richtung, fort von dem Schrank, hinter dem ich saß. Ich hörte, wie sie eine Tür öffnete und Licht anknipste. Schien sich um einen Vorratsraum zu handeln.

Es gab nur einen Weg. Ich strich um den Schrank herum und in die Küche, leise wie eine Nachteule. Kaum drinnen, sah ich, daß es verkehrt gewesen war.

Keine andere Tür, kein zweiter Ausgang, Fenster viel zu hoch. Ein Riesending mit gefliestem Fußboden, alles in blankem Weiß. In der Mitte ein gewaltiger Herd und darauf die Töpfe, aus denen der Duft emporstieg. Ein gesegneter Aufenthaltsort, nur nicht im Augenblick.

Draußen klappte die Tür. Das Mädchen kam zurück. Gute Nacht. Ich lief von der Tür weg und hinter den Herd. Noch ein paar Sekunden und der Bart war ab. Sie würden mir das Fell abziehen und mich den Schweinen zum Fraße vorwerfen.

Da sah ich die Rettung.
In der Wand rechts von der Fensterseite war eine Öffnung. Knapp einen Meter hoch, rechteckig, mit einem Holzrahmen. Daneben eine Tafel mit ein paar Druckknöpfen.
Ein Stuhl stand davor, wie die Aufforderung zum Tanz. Es war keine Zeit zum Überlegen. Ich hopste auf den Stuhl, sah hinter der Öffnung einen Holzkasten, den ein Brett in zwei Hälften teilte. Ich kroch in das untere Abteil, in dem es betäubend nach Schmorbraten roch. Ich wollte mich so weit wie möglich ins Innere zurückziehen und geriet mit den Vorderpfoten zwischen weiche Kugeln, die ich unschwer als Erbsen erkannte. Dann drückte ich mich an die hintere Wand, gerade als das singende Mädchen die Küche betrat. Ich hielt mich still und wagte kaum zu atmen. Das war saumäßig schwer, denn direkt unter meiner Nase stand der Schmorbraten. Von Natur aus bin ich nicht diebisch veranlagt. Aber die Natur kehrte sich gegen mich. Ich konnte nicht widerstehen. Ich nahm unendlich behutsam eine zarte Scheibe zwischen die Zähne und fraß sie auf. Welche Wohltat nach all den Strapazen! Fast vergaß ich mein ungewisses Schicksal. Das war ein Schmorbraten!
Das Mädchen merkte von alledem nichts. Sie war zu sehr mit ihrem Geliebten beschäftigt und wo er weilen mochte. Sie klapperte am Herd herum, rührte in einem Topf. Dann faßte sie einen Stapel Teller und kam direkt auf mein Appartement zu. Um ein Haar wäre mir der letzte Bissen im Hals steckengeblieben. Aber sie sah mich nicht. Sie stellte

die Teller in das obere Geschoß, immer trällernd und guter Dinge. Als sie sich abwandte, konnte ich die Schleife sehen, mit der ihre Schürze zugebunden war. Mit einer Soßenschüssel kam sie wieder und schob sie unten hinein, ohne sich darum zu kümmern, wer zwischen dem Menü hockte.

Gerade wollte ich die zweite Scheibe des Schmorbratens zu mir nehmen. Da passierte es. Das Mädchen kam noch einmal zurück. Sie faßte an einen Griff und zog eine Wand herunter vor meinen Käfig. Es wurde stockdunkel. Ich begann zu glauben, daß es sich um eine Art Falle handelte, aber mich wunderte die Qualität der Lockspeise.

Plötzlich gab es einen Ruck. Der Kasten hob sich an. Vor Schreck rückte ich von der Wand ab und trat wieder in die Erbsen. Das machte mich noch nervöser. Ich versuchte, herauszukommen, erreichte aber nur, daß ich mit der anderen Pfote in eine weiche, zähe Masse geriet. Sicher war das ein Teil der Falle. Ich wagte nicht mehr, mich zu rühren, solange das Ding in Bewegung war.

Es fuhr aber nicht lange. Mit dem gleichen Ruck wie vorher hielt es. Dann wurde das Brett hochgezogen und grelles Licht fiel in die Kabine. Geblendet blinzelte ich über den Schmorbraten hinweg.

Zwei Hände nahmen die Soßenschüssel. Sie gehörten einem jungen Mädchen, noch Schulalter. Als sie fortging, sah ich in ein großes, behagliches Zimmer. An den Wänden hingen Geweihe und durchlöcherte Schießscheiben. Auf dem Fußboden lagen Teppiche, bedeutend wertvoller als unsere. Unter einer großen Lampe, die auch aus den Stangen von toten Böcken gemacht war, stand ein viereckiger, weißgedeckter Tisch. Daran saßen eine grauhaarige, achtungerregende Dame mit lustigen Augen und in steirischer Tracht und ein jüngerer Herr, der die gleichen Augen hatte und sehr vergnügt aussah. Am Kopf des Tisches, meinem Käfig genau gegenüber, thronte der majestätische Mann mit dem Bart und dem Narbengesicht, den ich aus dem Park schon kannte. Er band sich gerade eine ungeheure Serviette um den Hals.

Da verstand ich, was vorging. Ich saß im Mittagessen.

Das junge Mädchen kam zurück. Sie bückte sich, faßte unten hinein, zog am Rand der Erbsenschüssel. Die wollte nicht raus, weil ich drinstand. Das Gesicht des Mädchens erschien vor mir. Sie wurde geisterbleich, stieß einen gellenden Schrei aus und floh in Richtung des Tisches. Alles fuhr hoch.

»Aber Gusti!« rief die Dame tadelnd. »Was ist denn in dich gefahren?«

»Ein Gespenst!« rief das Mädchen zitternd. »Ein ganz schwarzes Tier – ein Hund oder eine Katze – im Aufzug –«

Der junge Mann lachte. »Wird sich wieder mal um Herrn Pepi handeln oder sein Töchterchen.«

»Schwätze keinen Unsinn, mein Sohn«, sagte der Hausherr. »Sie sind beide hier. Was ist also, Augusta?«

»Es ist bestimmt ein Tier drin. Onkel Ludwig«, sagte das Mädchen Augusta kläglich. »Huh – ich geh nicht wieder hin!«

Die Dame stand auf. »Na, dann werd ich mal schauen.« Sie kam heran, ohne zu zögern. Ihre scharfen Augen erfaßten die Sachlage in wenigen Sekunden. Sie blieb würdevoll wie vorher, aber ich hätte schwören können, daß es leise gezuckt hatte in ihrem Gesicht. Sie richtete sich wieder auf.
»Gusti hat recht«, sagte sie kurz und sachlich. »Kein Gespenst, aber ein fremder Dackel. Mit einem Fuß steht er in den Erbsen, mit dem anderen in einem Kloß. Eine Scheibe Schmorbraten hat er gefressen. Außerdem ist er voller Kohlenstaub.«
Einen Augenblick blieb alles starr. Dann riß der alte Herr sich die Serviette vom Halse, sprang hoch, daß der Tisch ins Wanken geriet, war mit zwei Schritten an einem Schrank mit Glasfenstern und riß ihn auf. Ich sah eine Schrotflinte in seinen Händen. Mit wuchtigen Schritten kam er zum Speiseaufzug, legte an und rief donnernd: »Komm augenblicklich hervor, Bursche! Sonst ist's dein letztes Stündlein!«
Es wäre mir zuviel gewesen, jetzt auch noch erschossen zu werden. Sie waren in der Übermacht und bewaffnet. Ich hatte keine Lust, ausgestopft auf seinem Kamin zu stehen. Mühsam stieg ich über die Schüsseln. Der Kloß haftete wie Gummi an meiner Pfote und war nicht abzubringen. Ich trat noch einmal in den Schmorbraten, aber die Erbsen umging ich. Dann sprang ich herunter auf den Teppich. Der Kloß dämpfte den Aufprall.
Jetzt, im hellen Licht, sah ich mich in ganzer Pracht. Ich

trug den Kloß wie einen Gipsverband um die linke Pfote. Die rechte war mit Erbsen garniert. Im Gesicht, an der Brust und links hinten hatte ich Bratensoße. Das war das einzige von meiner ursprünglichen Farbe. Denn im übrigen war ich dick mit Kohlendreck überzogen und schwarz wie ein Köhler im Walde. Kein Wunder, daß ich mich im Spiegel für eine Ratte gehalten hatte.
Sie starrten mich stumm an. Das junge Mädchen kam langsam näher. Die Mutter und der Sohn des Hauses hatten Mühe, den feierlichen Ernst zu bewahren. Nicht aber der Hausherr. Noch geraume Zeit heftete er sein grimmiges Auge über Kimme und Korn auf mich. Dann setzte er die Flinte ab und rief: »Ich kenne ihn! Ich erkenne ihn trotz seiner Tarnung! Es ist der Unhold aus dem Park! Er hat Loni belästigt! Ich ahnte schon damals, daß es mit ihm ein böses Ende nehmen würde! Meine Ahnung hat mich noch nie betrogen! Er ist straffällig geworden! Vielleicht vorbestraft, vielleicht sogar einschlägig! Das ist aber ein Fang!«
»Ganz recht, Ludwig«, sagte die Dame. »Aber zuerst brauchen wir andere Schüsseln. Resi kann ihn waschen, dann werden wir weitersehen.«
Die Worte taten mir wohl, aber ich hörte sie kaum. Aus der Erkerecke war Loni hervorgekommen, mein Schatz, für den ich das alles unternommen hatte. Jetzt saß ich hier, bedeckt mit Erbsen und Schande und schämte mich unsäglich, daß sie mich so sah. Sie kam langsam heran, hob in einem Meter Entfernung das Schnäuzchen und schnup-

perte. Durch die ganzen Schichten hindurch schien sie meinen Eigengeruch noch wahrzunehmen, denn sie lächelte leise. Aber näher kam sie nicht. Ich färbte ab.
Das Mädchen trat ein. »Jessas naa!« rief sie. »Was is jetzt des?«
»Wenn Sie ihn schon in den Aufzug setzen, hätten Sie ihn auch braten müssen«, sagte der junge Mann. »So können wir ihn nicht essen.«
Das Mädchen wurde gar nicht wieder. »Ja, da schau her! I hab mi scho' g'wundert, wia de schwarzen Tapper in d' Kuchl kemma san!«
»In die Wanne mit ihm«, sagte die Dame des Hauses. »Dann bringen Sie ihn wieder.«
Das Mädchen hatte Übung mit Dackeln. Sie griff mich am Kragen, trotz Kloß und Kohlen und transportierte mich ab. Kurz darauf saß ich in der Waschküche in einem Bottich und in einem Ozean von Wasser.
Resi hatte robuste Hände und ein ebensolches Gemüt. Wundern lag ihr nicht. Während sie mich abtrocknete, sang sie schon wieder: »Wo weilest du, Geliebter mein?«
Ich gewann meine normale Gestalt zurück und freute mich. Jetzt konnte ich der Familie und Loni in Würde und Schönheit unter die Augen treten.
Resi brachte mich rauf. Ein bißchen feucht war ich noch, aber es stand mir. Das Wasser hatte mein Haar zu lieblichen Löckchen geringelt.
Als wir das Wohnzimmer betraten, saß die Familie beim Kaffee.

»Jetzt kenn i eahm scho, gnä Frau«, sagte Resi. »Er hat oan in d' Flucht geschlagn, a so a Promenadenmischung so a umzupfte, wo auf d' Loni hiwollt!«

Sie berichtete ausführlich von meiner Heldentat. Die Dame und ihr Sohn nickten anerkennend. Nur das Gesicht des wilden Jägers blieb finster.

»Therese!« sagte er. »Reichen Sie mir den Angeklagten her!«

Ich wurde auf einen Stuhl vor ihn hingesetzt. Dann begann die Verhandlung.

Ich hatte schon herausgefunden, daß ich zwischen Juristen geraten war. Hoffentlich hatten sie die Strafrechtsreform schon hinter sich.

Zuerst wurden die Personalien festgestellt. Der Vorsitzende griff in meinen Brustbeutel und langte meine Marke und meine Visitenkarte heraus.

»Eine Marke hat er«, sagte er. »Eine gültige. Das nimmt mich wunder. Meistens sind diese Elemente nirgends gemeldet und obdachlos. Und hier? Blasius von Rohmarken. Geboren am 25. Juli 1957 . . .«

»Oh, ein Löwe!« rief das junge Mädchen.

Der Onkel warf ihr einen strafenden Blick zu.

»Störe mich nicht, Kind! Besitzer D. Nogees, wohnhaft Walserstraße 27.«

»Um die Ecke«, sagte der junge Mann.

»Leider, leider. Die Nachbarschaft läßt immer mehr zu wünschen übrig. Telefon 21 17 80.«

Ja. Wohnhaft Walserstraße 27. Ich hatte schon von Dan

gehört, daß ein Angeklagter nicht wohnt, sondern wohnhaft ist. Jetzt war ich auch in diesen Klub geraten.
Dann ging es weiter. Ohne sich viel zu bemühen, konnten sie anhand der Rückstände auf meinem Fell den Weg rekonstruieren, den ich genommen hatte. Zaun – Garten – Kellerfenster – Kohlenkeller – Küche – Speiseaufzug. Da war nichts zu verschleiern.
»Das wäre dieses«, sagte der bärtige Ankläger. »Nun stellt sich uns die Frage nach dem Motiv. Was käme da in Frage?«
»Der Schmorbraten!« rief das Mädchen Gusti.
»Richtig, mein Kind. Krankhafte Freßgier bei diebischer Veranlagung und angeborenem Mangel an Rechtsgefühl. Das wäre zu erwägen, durchaus zu erwägen. Hat jemand noch einen Vorschlag?
Der Sohn sah seine Mutter an und blinzelte listig.
»Laß ihn doch mal runter«, sagte er.
Sein Vater runzelte die Stirn. »Zu welchem Zwecke?«
»Motivforschung. Ich glaube, sein Motiv liegt dort in der Ecke.«
Er hatte vollkommen recht. Sollte ich meine Liebe jetzt noch verleugnen, nach all diesem Ärger?
Als ich am Boden saß, schüttelte ich mich kurz und warf einen stolzen Blick auf meine Richter. Dann schritt ich aufrecht in die Ecke zu Lonis Korb. Ihr Köpfchen lag auf dem Rand, und ihre Samtaugen blickten zu mir, dem Helden, neugierig und lieb. Ich sah auch den zweiten Korb, in dem ihr Vater lag und trotz Mittagsschlafsucht den Prozeß

grinsend verfolgte. Die ganze Angelegenheit schien ihm ungeheuren Spaß zu machen.

Alle Augen folgten mir, wie ich vor Loni stehenblieb und sie ansah, leise schwänzelnd. Dann faßte ich mir ein Herz. Ich gab ihr einen sanften Kuß, mitten im Gerichtssaal. Sie hielt still, und das Paradies stand offen in diesem Augenblick. Dann aber dröhnte die Stimme des Richters.

»Aha! Da haben wir's, Lüsternheit, unreine Begierde! Sehr gut, mein Sohn! Er ist überführt, der Unhold, restlos überführt! Niedrige Instinkte warfen ihn dem Verbrechen in die Arme! Zurück auf die Anklagebank mit ihm, unverzüglich!«

Sie trennten mich brutal von meinem Glück. Aber mir war himmlisch wohl, und ich war bereit, auch der härtesten Strafe gefaßt ins Auge zu sehen. Der Vorsitzende stärkte sich mit einem Schluck Kaffee. Dann fuhr er fort.

»Wir haben die Tat, wir haben das Motiv. Wir können die Beweisaufnahme schließen. Möchte jemand zu seiner Verteidigung das Wort ergreifen?«

Er sah drohend im Kreise herum, als wollte er niemanden dazu raten. Aber seine Frau rührte das gar nicht.

»Vielleicht sollten wir seine Besitzer anrufen, bevor wir seine Strafe verkünden«, sagte sie. »Immerhin ist er noch minderjährig.«

»Jawohl!« donnerte der Boß. »Noch minderjährig! Nicht minderjährig genug, um Unzucht zu treiben am hellen Tage!« Er atmete keuchend. Dann beruhigte er sich. »Um der Gerechtigkeit willen sei es drum, Juliane. Vielleicht können wir so erfahren, welche unseligen häuslichen Verhältnisse ihn auf den Pfad der Untugend getrieben haben! Noch minderjährig! Schon früh gestrauchelt, das würde ich sagen! Nun wohl!«

Er erhob sich und ging zum Telefon, das auf dem Schreibtisch stand. Mir kam das äußerst gelegen. Sicher war Eva schon halbtot vor Angst.

Während der Richter uns den Rücken zuwandte, beugte sein Sohn sich vor und zupfte mich aufmunternd am Ohr, als wollte er sagen: Mach dir nichts draus! Alles nur Theater! Mitmachen und Maul halten!

Der Vater wählte die Nummer. Ich konnte deutlich hören, wie Eva abnahm und sich meldete.

»Guten Tag, meine Dame«, sagte der Alte, mit einer Stimme wie ein verwundeter Auerochse. »Guten Tag. Hier spricht Landgerichtsdirektor außer Diensten Doktor Wasinger. In meinem Hause hat sich soeben ein Vorfall zugetragen, wie er in den Annalen der Justiz seit dem Brande des Reichstages im Jahre 1933 einmalig dasteht. Seit fünfundvierzig Jahren diene ich dem Recht, meine Dame. Nach vielen bitteren Erfahrungen hat es nun das Schicksal für gut befunden, einen Täter meinen Weg kreuzen zu lassen, wie ich ihm noch niemals begegnet bin – abgrundtiefe Verworfenheit und eiskalte Niedertracht halten sich die Waage! Ich kenne solche Naturen, meine Dame. Im zarten Alter geraten sie auf die abschüssige Bahn und rutschen unaufhaltsam hinunter, und was steht am Ende? Das Schafott!«

Das letzte stieß er mit Donnerstimme hervor. Ich hörte förmlich, wie Eva schauderte am anderen Ende.

»Ich bedaure zutiefst, Ihnen sagen zu müssen, daß es sich bei dem Genannten um Ihren Dackel Blasius handelt. Er hat kein Mittel gescheut, um sich meiner Loni auf schamlose Weise zu nähern. Er ist in mein Haus eingedrungen. Die Methode läßt auf Erfahrung schließen. Mit Hilfe des Speiseaufzuges ist er in das Wohnzimmer gelangt, nachdem er die Küche mit Kohlenstaub verunreinigt hat. Auf diesem krummen Wege hat er Fleisch gestohlen und andere Nahrungsmittel böswillig zerstört – kurz, er hat keine Gelegenheit ausgelassen, seiner verbrecherischen Neigung zu frönen. Aber das ist nicht alles. Nach seiner Entdeckung hat er, bar jeden Reuegefühls und anstatt in sich zu gehen, seine Absicht weiter verfolgt und ist dem Ziel seiner Begierde gegenüber zudringlich geworden, vor aller Augen!«

Ich konnte mir vorstellen, wie nahe Eva dem Zusammenbruch war. Aber er war in Fahrt wie in seinen besten Tagen, und nichts würde ihn aufhalten.

»Ich fasse zusammen: Einbruchdiebstahl in Tateinheit mit Sachbeschädigung und versuchter öffentlicher Unzucht! Meine Dame, mir fehlen die Worte! Die heilige Ordnung ist bedroht! Die Justiz wankt in ihren Grundfesten! Was, so frage ich Sie, soll geschehen, wenn derartige Elemente im Staate die Oberhand gewinnen?«

Eva schien es nicht zu wissen. Sie sprudelte hastige Worte heraus. Er nannte die Adresse. Dann war Schluß.

Der Landgerichtsdirektor wandte sich um. Man konnte sehen, daß ihn die Anklagerede mitgenommen hatte. Er war eben nicht mehr der Jüngste.

»Sie kommt«, sagte er. »Sie wußte nichts zu erwidern. Zittere, Elender!«

Ich zitterte aber nicht, sondern schielte zu Loni.

Zwei Minuten später klingelte es. Das Dienstmädchen öffnete die Tür, und Eva trat ins Zimmer. Ich nahm mich zusammen, blieb auf dem Stuhl sitzen und tat zerknirscht.

Sie erregte Wohlgefallen auf allen Seiten. Die Frau Landgerichtsdirektor gab ihr lächelnd die Hand, der Sohn brachte kein Auge von ihr los, die Nichte knickste. Der Direktor des Land- und Hausgerichts blickte milder und strich sich den Bart.

Nach der Vorstellung wandte sich Eva zu mir.

»Blasius!« rief sie. »Wie konntest du das tun! Uns so zu blamieren!«

Es ist nur die Liebe, dachte ich.

»Schäme dich! Heute abend erzähle ich es Herrchen!«

Sie sah beklagenswert aus.

»Gnädige Frau – Herr Landgerichtsdirektor – es ist mir ja so peinlich... ich weiß nicht, wie ich mich entschuldigen soll ...«

Jetzt fing ich wirklich an, mich zu schämen, daß ich sie in diese Lage gebracht hatte.

»Na, setzen Sie sich erst mal«, sagte die Frau Direktor. »Gusti, noch eine Tasse!«

Ich blieb still und kleinlaut sitzen. Ich durfte nicht stören, wo Eva sich Mühe gab, meinen miserablen Eindruck auszugleichen.

Aber sie schaffte es. Mit der Zeit wurden die Herrschaften warm miteinander. Es kamen allerhand mildernde Umstände zusammen.

Der erste war Eva selber und die gemeinsame Neigung zur gleichen Hundeart. Dann erzählte sie von meiner harten Jugend in einem Junggesellenhaushalt, mit allen seinen Anfechtungen und der Gefahr der Verwahrlosung. Trotz der fatalen Neigung zu Dummheiten hätte ich ein gutes Herz.

»Ich glaube es wohl, Ludwig«, sagte Frau Wasinger. »Bedenke, was Resi erzählt hat. Er hat für Loni gekämpft, mit diesem räudigen Köter. Wer weiß, was sonst so alles passiert wäre.«

»Er war ganz zerbissen«, sagte Eva.

Der Richter heftete seine Augen auf mich. »Nun wohl«, sagte er. »Ich gebe zu, daß alles das seine Tat in milderem Lichte erscheinen läßt. Indessen...«

»Weißt du nicht mehr, wie der Pepi Lonis Mutter nachgestiegen ist? Wie er dabei in die Müllgrube fiel und vier Wochen stank? Was Baron Imbsweiler sagte, als seine Beata auf einmal Junge bekam...«

Wie nett von ihr, einen derartigen Verlauf anzudeuten. Aber ihr Mann schien sich ungern an diese Dinge zu erinnern.

»Halt ein, Juliane! Was soll der Bursche denken, wenn du solcherart für ihn Partei nimmst?«

»Verteidigung steht ihm zu. Und die Liebe ist nun mal eine Himmelsmacht.«

Wie auf ein zauberkräftiges Stichwort stand Loni aus ihrem Körbchen auf. Alle Köpfe wandten sich zu ihr. Sie hopste über den Rand, ging mit langsamer Anmut auf meinen Anklagestuhl zu. Und dann, o Wunder, stellte sie sich aufrecht empor, konnte mit den Pfoten gerade die Kante erreichen, schob ihr Schnäuzchen zu mir und wedelte. Ich wagte nicht, mich zu rühren. Aber der Sohn griff Loni am Fell und setzte sie neben mich, und da blieb sie, und unsere Herzen klopften. Die allgemeine Rührung ergriff auch den Landgerichtsdirektor. Er trug ein gutes Herz hinter dem Jägerwams und hinter dem Rechtssinn. Ich hatte es schon geahnt, trotz des Gedonners. Sicher litt er unter der Pensionierung und freute sich, wenn er mal wieder Gericht spielen durfte.

Er räusperte sich vernehmlich. »Hem, hem. Nun wohlan. Obwohl ich nicht abzusehen vermag, wohin Recht und Gesetz noch geraten sollen, sehe ich ein, daß wir unter diesen Umständen dem Angeklagten vergeben müssen. Zudem ist er als Dackel im Sinne des Strafgesetzbuches nicht verantwortlich zu machen. Auch ist der angerichtete Schaden unerheblich. Wir wollen daher die Verhandlung schließen und ihn freisprechen, vorbehaltlich der Hoffnung, daß aus ihm doch noch ein nützliches Mitglied der menschlichen – der hündischen Gesellschaft wird. Augusta! Bring mir den Portwein und die Gläser!«

»Hurra!« rief die Nichte und lief zum Schrank. Der Sohn

tätschelte mir den Rücken. Eva lachte. Loni leckte mir fröhlich über die Ohren. Ich stupste sie ganz zart, und dann strahlte ich die Frau Direktor an, um mich bei ihr als meinem Anwalt zu bedanken.

Na also. Alles o. k. Man muß nur etwas riskieren, mit allem Einsatz, dann klappt es schon. Freigesprochen und gewaschen stand ich da, Sieger trotz aller Prüfungen, und neben mir saß Loni und durfte mit allerhöchster Erlaubnis sitzen bleiben. Ich pries meinen Entschluß, in das Haus einzudringen, und den Speiseaufzug und Eva.

Sie wollte jetzt fort, sich empfehlen, die Herrschaften nicht länger aufhalten, sie hätte schon lange genug... Nichts war's. Sie mußte dableiben, bei Portwein und Zigaretten. Es wurden endlose Dackelgeschichten erzählt, und währenddessen sprang ich mit Loni vom Stuhl und spielte mit ihr und sah in ihre Augen. Ihr Vater gesellte sich zu uns. Er war ein prima Bursche, nur so faul, daß er am liebsten vierundzwanzig Stunden am Tag geschlafen hätte und noch mehr, wenn es mehr gewesen wären. Wahrscheinlich wird man im Alter so. Dafür schien er in seiner Jugend um so lebendiger gewesen zu sein, denn gerade erzählte sein Frauchen, daß ein Haufen Kinder von ihm in der Gegend herumliefen, aber sie hätte nur Loni behalten, um wenigstens ab und zu einmal Ruhe im Hause zu haben. So, so. Kein Wunder, daß er jetzt immer so müde war.

Sohn und Nichte empfahlen sich. Er mußte zum Gericht, wo er als Assessor saß, und sie zur Klavierstunde, um den

Lehrer zur Verzweiflung zu bringen und den Flügel zu ruinieren. Wir merkten kaum, wie die Zeit verging, bis draußen die Dunkelheit heranschlich und innen der Portwein zur Neige ging. Ich fühlte mich sauwohl und dachte mit keiner Faser ans Fortgehen. Aber Eva dachte an Dan, der nun bald hungrigen Bauches in der verlassenen Wohnung herumstehen würde.

»Gnädige Frau«, sagte sie schüchtern, »es ist so nett bei Ihnen – nur – mein Mann kommt in ein paar Minuten nach Hause... ich habe noch kein Abendbrot... ich muß jetzt wirklich gehen –«

Die Landgerichtsdirektorin war eine Frau von schnellen Entschlüssen.

»Wenn er in ein paar Minuten kommt, ist es sowieso zu spät«, sagte sie trocken. »Holen Sie ihn zu uns her zum Abendbrot und bleiben Sie da. Sie sind herzlich eingeladen.«

»Aber, gnädige Frau, ich kann wirklich nicht...«

»Ludwig?«

»Nun«, sagte der Hausherr und strich den portweinfeuchten Bart, »ich denke, es wird von allgemeinem Interesse sein, auch den Herrn des Dackels Blasius kennenzulernen. Bedienen Sie sich des Telefons, mein Kind, und holen Sie ihn herbei!«

Gegen diese höchstrichterliche Entscheidung gab es keinen Einspruch. Das Kind ging zum Telefon. Dan war schon zu Hause. Eva sprach schnell und leise, während sich die Gastgeber mit uns beschäftigten. Ich nahm mir ein

Herz, sprang auf den Schoß meines Richters, stellte die Pfoten gegen seine Brust und blickte ihm treuherzig ins blaue Waidmannsauge. Er strich mir über das Fell.

»Nun, nun«, sagte er, »es scheint doch ein wackerer Kern in ihm zu stecken. Hoffen wir, daß es ihm gelingt, auf dem rechten Pfade zu bleiben.«

Das hoffte ich auch. Leider gab es bald danach wieder Theater, aber gottlob war ich nicht allein schuldig.

Eva kam zurück.

»In einer halben Stunde ist er da, gnädige Frau. Ist das zu spät?«

»Genau richtig.« Sie klingelte nach Resi und gab Anweisungen für das Abendessen. Ich fragte mich, ob sie mich wieder im Speiseaufzug mitfahren lassen würden. Pünktlich nach dreißig Minuten erschien Dan, strahlend und mit gutem Eindruck. Er hatte sich noch mal rasiert und ein frisches Hemd angezogen. Außer diesen Anweisungen hatte Eva ihm noch andere zugeflüstert, denn er trug einen beachtlichen Blumenstrauß und eine Flasche Portwein mit sich. Das war weise von Eva und von ihm.

Er begrüßte die Hausfrau artig und mit Handkuß, überreichte die Blumen, küßte sein liebes Weib, drückte dem Landgerichtsdirektor mannhaft und deutsch die Rechte und schenkte ihm den Portwein. Der Hausherr prüfte das Etikett, und Zufriedenheit zog über sein Antlitz. Ich wußte, was noch kommen würde, aber es gehörte zum Programm. Dan faßte mich am Kragen, hob mich hoch zur Decke empor und sagte drohenden Tones: »Der Fleisch-

wolf steht für dich bereit, Bruder. Mit neuen Messern. Der Platz für dein Fell ist schon freigemacht. Morgen kommst du auf die Speisekarte, bei meinen Ahnen...«
Er wollte mit diesen lieblichen Ankündigungen noch fortfahren, aber da fingen Loni und Pepi an, knurrend und voller Ingrimm an seinen Hosenbeinen zu zerren. Er mußte mich loslassen und seine Aufschläge retten.
Der Hausherr setzte die Flasche nieder.
»Hoffentlich bemerkst du, Juliane«, sagte er, »wie weit die Solidarität unter diesen Gesellen schon gediehen ist. Ein Komplott unter meinem Dache! Ich weiß nicht, was ich davon denken soll.«
»Dackel halten zusammen«, antwortete sie. »Nehmen Sie Platz, Herr Nogees.«
»Nochmals Entschuldigung, gnädige Frau«, sagte Dan. »Ich weiß, daß es mit diesem Tier ein böses Ende nehmen wird.«
»Tun Sie ihn trotzdem nicht in den Wolf.«
Wenig später kamen der Sohn und die niedliche Nichte wieder. Das Gericht war für heute geschlossen, und sie hatte ihre Etüden für höhere Töchter hinter sich. Alles setzte sich zum Abendbrot. Wir schlichen zu dritt unter dem Tisch herum und vertilgten, was herunterfiel. Nie war es so schön gewesen wie zusammen mit Loni. Ich teilte eine Scheibe Wurst mit ihr, zum erstenmal in meinem Leben, und sah daraus, wie schwer es mich erwischt hatte.
Es wurde ein urgemütlicher Abend. Der Portwein reichte bei weitem nicht aus. Es mußten aus dem Keller neue

Vorräte herbeigeschafft werden. Ich ging mit dem Sohn des Hauses hinunter, weil ich dort unten schon Bescheid wußte. Ich sah den Spiegel, mit dem ich gekämpft hatte und roch die Gurkenfässer. Die toten Mäuse waren entfernt, und die Fallen standen zu neuem Fang bereit. Die Kohlen lagen stumm und schwarz, und ich ließ sie links liegen und folgte dem Assessor ins Weinabteil, wo die edlen Tropfen hinter verschimmelten Korken warteten. Er zog ein paar Pullen heraus. Dann gingen wir wieder hinauf. Auf dem Flur sah ich Resi noch einmal, die mich singend gewaschen hatte, und ich begrüßte sie, und sie sagte: »Gelt, du Schlawiner!«

Für den Rest des Abends kam jeder auf seine Kosten. Die Damen waren zusammengerückt und erzählten von Ehemännern und Einkäufen, Wohnungen und Wäsche, Dakkeln und Dienstmädchen. Die Herren hatten glänzende Nasen und waren bei Verbrechern und wie man sie fängt und bestraft. Der Landgerichtsdirektor freute sich ungeheuer, in Dan einen Helfer des Gesetzes getroffen zu haben, wenn auch dessen Dackel noch weit vom rechten Pfade entfernt war.

Der Glücklichste von allen war ich. Ungehindert konnte ich Loni mit meiner Zuneigung überschütten, niemand störte mich, keiner heftete seine Augen auf unser Glück. Pepi schlief schon wieder enorm fest. Ich lag mit Loni auf einem Fell, ohne jeden Zwischenraum. Ich krabbelte und küßte sie, und ab und zu nahm sie mein rechtes Ohr zart zwischen die Zähne und zupfte daran. Es war, als wären wir schon ewig miteinander bekannt, zusammen aufgewachsen, und nichts trennte uns. Was für ein schöner Tag. Aber auch er hatte ein Ende, und der Abschied kam. Ich trug es mannhaft. Was konnte mir noch passieren? Ich war wie ein Mann auf dem Fasching, der nach mancherlei Mühe die Adresse des Mädchens bekommen hatte, das ihn interessierte, und der sich nun beruhigt hinter den Tresen zu einem Bier zurückziehen konnte, wo er leichten Herzens das Wettrennen der anderen verfolgte. Meine Loni hatte ich, dieses Haus hatte ich erobert und meine Familie darin eingeführt. Das sollte mal einer nachmachen.

Mit großer Herzlichkeit wurden wir verabschiedet. Dan und Eva mußten auf eine baldige Einladung gefaßt sein. Ich bekam die feierliche Erlaubnis, jeden Tag zu kommen und mit Papa und Tochter Loni im Garten zu spielen. Was für ein Erfolg!

Dann gingen Dan und Eva eingehakt unserem Hause zu. Ich flitzte um sie herum und jagte die heruntergefallenen Blätter aus dem Rinnstein hoch. Ich sah die beiden von hinten gegen das Mondlicht, und mir wurde klar, wie recht Dan getan hatte, nicht mehr allein zu bleiben und Eva zu sich zu holen. Allein hat man keine Chance. Man braucht jemanden, der einen versteht, wenn man traurig ist. Ich würde mir Loni holen und mit ihr glücklich sein.


Zunächst allerdings trat ich behutsam auf, wie es sich für einen vornehmen Freier schickte. Ich machte meine Besuche zur gehörigen Tageszeit, betrug mich anständig, fraß nichts, was mir nicht gehörte, und grub keine Krater in den Rasen. Binnen kurzem sah es so aus, als wäre ich der wohlerzogenste Dackel der Welt. Leider brach dieser Eindruck rasch zusammen.

Es war ein Morgen mit trübem Himmel. Man konnte den Regen riechen, und er kam auch herunter, gerade als wir fröhlich aber verhalten im Garten herumtobten. Resi rief uns hinein, denn sie hatte nur die Arbeit mit uns, wenn wir naß und lehmbeschmiert heimkehrten. Sie machte im Haus sauber und sperrte uns in ein Zimmer im Obergeschoß, damit wir nicht dauernd zwischen Staubsauger und Bohnerbesen gerieten. Ich war noch nie in diesem Zimmer gewesen.

Es roch nach Papier und Gelehrsamkeit. An sämtlichen Wänden standen Bücherschränke, und die Bretter bogen sich unter den Folianten. Neben dem Fenster lehnte eine Standuhr, die älter aussah als das Haus. Sie hatte nur noch einen Zeiger, und ihr Pendel stand still wie ein Pilz im Walde. Dann war noch ein gigantischer Schreibtisch mitten im Zimmer, mit einem Sessel davor, der auch einen Elefanten getragen hätte. Das war alles. Kein Teppich, keine warmen Ecken und weichen Kissen. Die armen Juristen.

Wir schnüffelten ein bißchen in den Winkeln herum, aber überall roch es gleich, und es fand sich nichts, was zum Zernagen aufforderte. In die Schränke konnte man nicht hinein und zur Tür nicht hinaus. Wir starrten uns an und

überlegten, was wir machen sollten. Pepi hätte sich gern zum Schlafen niedergelegt, denn es war immerhin schon elf Uhr vormittags, aber weit und breit zeigte sich keine geeignete Liegestatt für einen älteren Herrn. Blieb einzig der Stuhl. Er hatte lausig hohe Beine. Pepi fand die richtige Lücke, nahm Anlauf und schoß unter der Tischkante durch auf den Sitz. Er war ja auch der Größte von uns. Statt sich jedoch zusammenzurollen und unverzüglich einzuschlafen, trieb ihn die Neugier, noch einmal auf den Schreibtisch zu sehen. Das war der Anfang des Ärgers.
Wir sahen, wie Pepi auf die Tischplatte hopste und oben herumstolzierte, wie ein Hahn auf dem Misthaufen. Auch mich reizte es, ihm gleichzutun und meine Leistungsfähigkeit im Hochsprung zu erproben. Aber ich wollte Loni nicht allein auf der nackten Erde lassen. Plötzlich merkten wir, daß Pepi dort oben mit irgendeiner Arbeit beschäftigt war. Er schien etwas zu schieben und sich mächtig dabei anzustrengen. Wir starrten hinauf und sahen die weißen Umrisse eines gewaltigen Papierstapels auf den Rand der Platte zurutschen. Pepi, der Treusorgende! Er gab uns was zu spielen!
Es war atemberaubend, anzusehen, wie der Stapel unter dem Druck des emsigen Pepi dem Abgrund näherkam. Er überschritt die Kante. Ein Viertel, ein Drittel, die Hälfte! Wir zogen uns etwas aus der Reichweite zurück. Noch einmal hörten wir Pepi ächzen wie einen Bauarbeiter mit einem Balken. Dann kam die Bescherung herunter. Der Papierstapel klatschte auf den Fußboden, flog auseinan-

der. Einzelne Blätter taumelten hinterher. Als der Knall verklungen war und das letzte Blatt sich zur Ruhe gebettet hatte, sahen wir Pepis Kopf mit den weißumränderten Ohren über dem Rand auftauchen. Er feixte fröhlich, daß ihm das Werk gelungen war, und wir freuten uns mit ihm. Es fing harmlos an wie immer.
Loni schob ihr Näschen an den Papierberg heran, schnüffelte leise, faßte ein Blatt mit den Zähnen und hielt es mir hin. Ich nickte höflich zum Dank, faßte es vorsichtig auf der anderen Seite und zerrte behutsam, um es ihr nicht mit Gewalt wegzureißen. Sie setzte dem Widerstand entgegen. Ich gab nach, zog wieder an, und so trippelten wir eine Weile graziös hin und her, wie auf dem Hofball beim Menuett. Dann aber zog ich etwas zu kräftig, und das Blatt rieß mit traurigem Kreischen mittendurch. Wir ließen die Teile los und betrachteten sie erstaunt, als könnten wir uns nicht erklären, wie das passiert wäre. Dann lachten wir uns an und nahmen das nächste Blatt von oben. Wir kamen zum gleichen Resultat, nur etwas schneller. Mit den nächsten fünf Blättern probierten wir, wer stärker ziehen konnte. Als Kavalier überließ ich viermal Loni den Sieg und tat so, als käme ich nicht gegen sie an. Die Blätter hielten es trotzdem nicht aus. Aber es waren genug da.
Mit der Zeit gerieten wir in Hitze und kämpften auch noch um die Hälften. Pepi, der sich inzwischen zur Ruhe gebettet hatte, fand Lust, mitzumachen und kam herunter.
Das Spiel war ganz einfach. Einer nahm ein Blatt, und die anderen mußten versuchen, ihn zu kriegen und es ihm

wegzunehmen. Wer ihn gekriegt hatte, durfte mit einem neuen Blatt davon. Der Haufen wurde schnell kleiner. Die Papierstückchen auch. Plötzlich wurden sie frech, kehrten sich gegen uns und griffen uns an.

Das war zuviel. Augenblicklich bildeten wir eine geschlossene Front gegen sie. Jeder griff sich, was er kriegen konnte und zerriß es in winzige Bestandteile. Es dauerte nur Sekunden, und im Zimmer sah es aus wie bei einem Schneesturm im Hochgebirge. Manche von den größeren Schnipseln wollten sich verbergen, aber wir fanden und zerkleinerten sie. Wir waren besessen von dem grenzenlosen Ehrgeiz, sie so klein wie möglich zu kriegen. Wir vergaßen alles um uns herum, einschließlich der guten Vorsätze. Binnen einer Minute hatten wir jeder mindestens ein halbes Pfund Papier im Bauch. Weder das noch anderes hemmte unseren Tatendrang. Bis auf einmal die Tür schmetternd aufflog. Der Landgerichtsdirektor stand im Zimmer.

Durch den Papierwirbel konnten wir ihn nur undeutlich erkennen. Er hatte die Arme in die Seiten gestemmt und rollte furchtbar mit den Augen. Wir krochen blitzschnell unter den Tisch.

Dann erhob er seine Stimme und brüllte so laut, daß die Schnipsel vom Erdboden stoben und um ihn herumflatterten. Rübezahl im Walde.

»Juliane! Sieh dir das an! Komm und sieh es dir an! Diese Buben, diese Ausgeburten, diese Galgenhälse! Den Prozeß zerfressen! Zerstört, mutwillig und voller Tücke!

Rudloff gegen Rudloff, diesen Musterprozeß, den ich auszuwerten im Begriffe war! Ein Verbrechen ohne Beispiel! Wartet, ihr Höllenhunde!«
Er stürmte hinaus. Wir hörten ihn auf der Treppe poltern. Dann näherten sich seine Schritte wieder, und er kam herein, ausgerüstet mit einer längeren Reitpeitsche. Ohne weitere Worte holte er aus und begann, unter dem Tisch nach uns zu schlagen. Wir spritzten auseinander. Es war nicht schwierig, seinen Hieben auszuweichen, weil er blindlings in die Gegend schlug. Er traf nur die Reste des Musterprozesses Rudloff gegen Rudloff, aber die um so furchtbarer. Das Schneegestöber erhob sich von neuem, und je stärker es wurde, desto weniger sah er. Wir schossen um ihn herum und bekamen geradezu Mitleid mit ihm, weil er sich so abmühte. Ab und zu quiekte einer von uns, als wäre er getroffen, um ihm nicht alle Lust zu nehmen. Der Fußboden dröhnte von den Schlägen. Mit einem letzten, furchtbaren Hieb zerschlug der Alte das Glas der Standuhr. Das Perpendikel fiel heraus. Dann wankte er zu dem Stuhl, sank hinein und barg sein Haupt in den Händen. Wir setzten uns davor und betrachteten ihn mit Sorge. Das Zimmer sah aus, als wäre ein Lastwagen voll Konfetti darin umgekippt. Frau Wasinger öffnete die Tür. Es dauerte eine ganze Weile, bis sie alles übersehen konnte.
»Was treibst du denn hier?« fragte sie.
Er hob den Kopf, sah sie mit gebrochenem Blick an. »Der Prozeß«, stöhnte er. »Sie haben den Prozeß zerfressen. Ich bin vernichtet.«

Seine Frau handelte weit zielbewußter als er. Sie griff einen nach dem anderen von uns am Kragen und zog uns drei mit der Reitpeitsche über. Es schmerzte bedeutend mehr als die Schläge ihres Mannes. Diesmal quiekten wir laut und von Herzen.
»So, das wäre für euch«, sagte sie. »Damit ihr euch's merkt. Und du geh mit deinem Schmarrn von Prozeß. Das ganze Haus liegt voll von dem Papierkram.«
»Juliane«, sagte er in tiefer Bestürzung.
»Na, ja. Nimmst halt an andern!«
Der Landgerichtsdirektor erhob sich und schritt schwerfällig hinaus, mitten durch die zerfledderten Akten, die er nun nicht mehr auswerten konnte.
»Raus mit euch!« befahl die Frau Direktor. »Resi – räumen S' des weg!«
So endete unsere Arbeit im Archiv. Es war mein Glück, daß ich diesmal nicht der einzige Übeltäter war, sondern der Verdacht der Urheberschaft von vornherein auf Pepi fiel. So sah der Hausherr, daß selbst der langjährige Dakkel eines Juristen nicht frei von kriminellen Anwandlungen war. Das traf ihn tief.
»Von dir hätte ich mehr Achtung vor dem Gesetz erwartet«, sagte er. »Geh mir aus den Augen, Heuchler!«
Aber Pepi schlief schon wieder.
Trotz dieser und ähnlicher Vorfälle blieb ich im Hause gern gesehen, und immer deutlicher wurde sichtbar, wie es um Loni und mich stand. Noch allerhand Opfer brachte ich für sie, bis ich mein Ziel erreicht hatte.

Einmal war sie mit Resi weggegangen, und ich wartete eine Stunde im sprühenden, eisigen Regen vor der Gartentür, obwohl ich das gar nicht nötig gehabt hätte. Am nächsten Tag lag ich mit einem Schal und einer Wärmflasche in Dans Bett und hustete hohl. Dazu lief mir die Nase wie ein Springbrunnen, und das linke Ohr tat scheußlich weh. Eva mußte mit mir zum Tierarzt.

Schon von dem Geruch auf der Treppe bekam ich furchtbare Angst. Im Wartezimmer saßen noch mehr solche traurigen Figuren wie ich, und nach uns kam ein dünner, bebrillter Mann mit zwei weißen Mäusen und einer Schildkröte. An der Wand stand ›Es wird dringend gebeten, die Tiere nicht das Treppenhaus verunreinigen zu lassen!‹

Während wir warteten, las Eva in einem Heft ›Du und das Tier‹, das schon drei Jahre alt war. Ich zitterte auf ihrem Schoß wie ein Pudding. Der Mann mit der Brille setzte seine Schildkröte auf den Fußboden, und sie marschierte quer durch das Zimmer. Sehr krank schien sie nicht zu sein. Vielleicht war sie bloß mit.

Dann kamen wir dran. Eva trug mich hinein. Sie bugsierten mich auf einen Tisch mit Steinplatte, auf dem es noch furchtbarer roch als im Treppenhaus. Ich wollte zur Tür hinaus, aber sie hielten mich fest, und auch Eva wandte sich gegen mich und half dem Mann im weißen Mantel. Ich weinte vor Enttäuschung.

Zuerst horchte er mit zwei Gummischlangen an mir herum. Dann schlang er mir heimtückisch eine Mullbinde zwischen die Zähne durch und zog. Ich mußte die Schnauze aufmachen und konnte ihn nicht beißen. Er kam mit einem Wattestab und pinselte mir im Hals herum. Ich hustete und spuckte erbärmlich. Dann spülte er mir mit einer gelben Flüssigkeit die Ohren aus. Sie rochen hinterher wie eine Apotheke. Zum Abschluß schnitt er mir noch die Krallen kürzer, weil ich einmal da war und es in einem hinging.

»Diese Tiere graben zu wenig«, sagte er. »Stadthund. Reiner Domestikationsschaden.«

Laß mich mal in deinen Garten, dachte ich. Werde dir zeigen, ob ich zu wenig grabe.

Endlich durfte ich von dem Martertisch herunter. Aber kaum war ich unten, verschwand meine Furcht. Ich schüttelte mich und hüpfte fröhlich herum. Leider hatte ich mich zu früh gefreut.

Eva dachte noch an meine Zähne, die sie nachsehen lassen wollte.

Sie fingen mich wieder ein, und ich landete zum zweitenmal auf dem unseligen Tisch. Nach dem Mullbindentrick sah er sich meine Zähne an.

»Rechts hat er eine Kleinigkeit Zahnstein«, sagte er. »Kaum der Rede wert. Die Arbeitsseite ist links. Wieder das gleiche. Stadthund. Nagt zu wenig.«

Frag den Landgerichtsdirektor, dachte ich.

Der Tierarzt schabte ein bißchen an einem Zahn herum. Dann war endgültig Schluß. Als sie mich losließen, sprang ich mit einem Riesensatz vom Tisch und sprintete zur Tür.

Dort wartete ich, bis Eva bezahlt hatte, bar und sofort. Recht geschah ihr.

Im Wartezimmer stieß ich mit der Schildkröte zusammen, die gerade auf der Rückreise war. Ich bellte sie an, und sie zog den zerknitterten Hals ein und guckte dämlich.

Zwei Tage mußte ich im Bett bleiben, bis ich mich von der Erkältung und den Strapazen erholt hatte.

Aber, wie gesagt – Ausdauer lohnt sich. Eines Abends, als Dan und Eva bei Landgerichtsdirektors eingeladen waren, kamen sie nach einem längeren Gespräch überein, Loni meine Frau werden zu lassen. Schließlich waren wir beide im heiratsfähigen Alter, und für den Fortbestand unserer Art mußte etwas getan werden. Man hatte erkannt, daß ich alle Tugenden eines echten Langhaardakkels in mir vereinigte, von ein paar Untugenden abgesehen, aber die machten mich erst interessant. Sie wußten, daß ich Loni liebte und alles für sie tun würde. Warum sollte sie erst noch auf einen anderen Burschen warten, mit ihm dasselbe Theater durchmachen und nachher eine noch größere Pleite erleben.

Außerdem waren Wasingers ziemlich stark an Nachwuchs interessiert. Ich hatte es verschiedentlich gehört. Ich konnte stolz darauf sein, daß sie ihre behütete Loni nicht zu gut für mich befanden, und das war ich auch.

So wurde an diesem Abend im engsten Familienkreise unsere Hochzeit gefeiert. Wir waren die Hauptpersonen und dürften mit am Tisch auf einem Stuhl sitzen. Jeder von uns bekam eine große Wurst, auch Pepi, obwohl er nicht heiratete. Aber schließlich hatte ich Loni zur Hälfte ihm zu verdanken. Später nahm der Landgerichtsdirektor uns beide zusammen auf seinen Schoß und hielt eine Ansprache.

»Liebe Loni, lieber Blasius«, sagte er mit bewegter Stimme, »mit Genugtuung und Freude begehen wir den Tag, an dem ihr beide ein Paar werdet. Ihr habt euch einander würdig erwiesen« – hier dachte er wahrscheinlich an seinen zerstörten Musterprozeß Rudloff gegen Rudloff – »und wir haben den Eindruck, daß echte Zuneigung euch verbindet.«

Er nahm einen Schluck Sekt. Sein Bart kitzelte mich im Genick, aber ich hielt still und aus.

»Wenn nun nach diesem Tage eine glückliche Zeit für euch anbricht, so vergeßt über dem Glück nicht die Aufgaben, die euch vom Schicksal gestellt sind. Wenn man von euch auch billigerweise menschliche Einsicht nicht erwarten darf, so denkt bei allen euren Handlungen stets daran, daß ihr rechtschaffenen Familien entstammt, deren Häupter dem Gesetze dienen, und daß verwerfliche Taten auch ihrem Rufe Schaden zufügen!«

Ach je. Wie gut, daß er niemals erfahren hat, was für verwerfliche Taten Dan und ich einige Zeit später begangen haben. Er hätte sich den Bart ausgerissen.

Er hob sein Glas. »So stoßen wir denn an auf Loni und Blasius! Möge die Sonne ihren Weg mit Licht füllen!«

Und ihr immer unsere Töpfe mit Fleisch, dachte ich. Man trank uns zu.

Dann hopsten wir auf unseren Stuhl zurück und waren gerührt von den Worten des Hausherrn.

An diesem Abend durfte Loni mit zu uns nach Hause, das erste Mal über Nacht. Eva richtete uns mit Decken und Kissen einen Platz nahe der Heizung im Wohnzimmer ein. Dort blieben wir beisammen, schliefen Fell an Fell und wachten nebeneinander auf, als es hell wurde. Zuerst dachte ich, alles wäre ein Traum. Aber Loni war neben mir, und ihre Augen glänzten und ihr Näschen zitterte. Es war Wirklichkeit.

Fortan blieben wir mal bei uns, mal bei Wasingers und hatten in beiden Häusern unsere Unterkunft. So konnten wir zufrieden sein in einer Zeit, wo man überall von der Wohnungsnot bei jungen Ehepaaren hörte. Wir spielten zusammen im Garten und im Park, fuhren mit dem Auto in die Stadt, aßen gemeinsam und kamen zusammen in die Badewanne. Es war ein Leben wie nie zuvor.

Das vergoldete Zeitalter war angebrochen.

Wir vier meinten, es würde so bleiben bis zum Weltuntergang. Aber wie so oft und bei so vielen Leuten zeigte sich auch bei uns, daß der Teufel immer dann auftritt, wenn man anfängt zu glauben, er hätte sich zur Ruhe gesetzt. Niemand soll sich einbilden, er habe das Glück in allen vier Zipfeln. Ehe er sich versieht, steht er mit dem leeren Taschentuch da.

Vielleicht kam der ganze Schlamassel gerade daher, daß es uns zu gut ging und der Hafer uns stach. Wir schlitterten hinein, ohne uns viel dabei zu denken. Erst hinterher merkten wir, wie leichtsinnig wir mit allem gespielt hatten, was uns lieb war.

Es fing an, als Eva für ein paar Tage verreisen mußte. Irgendwo war ein Fotografenkongreß, wo sie gegenseitig ihre Bilder schlechtmachen und auch einmal zu Wort kommen wollten. Anschließend hatte sie vor, eine Schulfreundin zu besuchen, mal richtig zu klatschen und diese Kosten samt denen des Kongresses als Reisespesen von der Steuer abzusetzen. Acht Tage etwa sollte unsere Strohwitwerschaft dauern.

Am Morgen des Abschieds frühstückten wir einträchtig. Loni hatte bei uns genächtigt. Während Evas Abwesenheit sollte die Familie Wasinger Loni und mich größtenteils versorgen.

Wir brachten Eva im Geleitzug zum Auto. Sie fuhr ab, bepackt mit ihren Schnappschüssen und unseren Segenswünschen und naß im Gesicht von Dans Küssen. Danach schaffte er uns hinüber zur Villa Wasinger. An diesem Tage lag brüchiger Februarschnee an den Straßenrändern, und als ich über die Kante des Gehsteiges hopste, trat ich auf einen zerbrochenen Taschenspiegel, der unter der Schneedecke lag wie eine Tellermine. Es passierte nichts weiter, aber ich hatte von Eva gehört, daß zerbrochene Spiegel Unglück bedeuten, denn einmal hatte ich ihr einen von der Frisiertoilette geworfen, als sie mit mir Fangen spielte. Daran dachte ich jetzt, und den ganzen Tag über verließ mich eine Ahnung nicht von kommendem Unheil. Am Nachmittag gingen der Landgerichtsdirektor und seine Frau zu Bekannten. Sie nahmen Loni mit, ich blieb mit Pepi daheim. Eine Stunde später kam Dan vom Dienst und holte mich ab. Ich hätte eigentlich auf Loni warten und über Nacht bei ihr bleiben sollen, aber Dan fühlte sich offensichtlich einsam, und ich wollte ihn nicht verlassen.

Er machte in unserer Küche Würstchen warm und sang dabei von Waldeslust und oh, wie einsam die Brust schlüge, und daß seine Mutter ihn nicht liebte und sein Vater ganz unbekannt wäre, oder umgekehrt. Wir nahmen die Würstchen zu uns. Dan legte die Teller in den Ausguß und sah mich an.

»Komm, junger Ehemann«, sagte er. »Gehen wir auf ein Bier zum Eugen.«

Ich hatte das erwartet und wunderte mich nicht. Warum verließen uns auch unsere Frauen.

Wir nahmen den Weg durch den Park. Es herrschte eine klebrige Kälte, und wir bliesen zarte Wolken ins Abenddunkel. Dan marschierte in der Mitte des Weges und betrachtete die Sterne über sich. Deswegen sah er die helle Gestalt nicht, die langsam auf uns zu kam. An ihrer Seite bewegte sich ein weißes, unruhiges Bündel. Ich zog die Luft ein. Der Geruch war schon mal dagewesen. Ich lief voraus und sah. Es war Reni, die Wohlgeformte, mit ihrem Wunderspitz Topsy. Der Teufel war schon in der Nähe.

Wegen meiner Tarnfarbe bemerkte Topsy mich erst, als ich auf fünf Meter heran war. Ein Wachhund, wie er im

Buche steht. Sie fing mit ihrer Kindertrompetenstimme zu kläffen an, daß es weit durch den Hain schallte.
Reni zog ihr Hündchen an sich.
»Was ist denn? Sei ruhig!«
Sie sah mich immer noch nicht.
»Waff!« machte ich.
Dann lief ich heran und schnupperte an Topsy. Sie wollte erst zurückfahren, dann hochmütig tun, dann erkannte sie mich.
Jetzt sah auch Reni, wer ich war.
»Blasi! Bist du es?«
Nein, dachte ich, ich bin der Direktor des Palast-Hotels. Guten Abend, meine Damen.
Inzwischen näherte sich der Sterngucker Daniel.
»Blasi«, sagte er, »was machst ...«
»Ach, der Herr Heiratsvermittler!« rief Reni. »Nein, so was. Leben Sie auch noch?«
»Nein«, sagte Dan. »Ich hatte einen schweren Verkehrsunfall und bin gestern meinen Verletzungen erlegen. Wie geht es, Star aller Mannequins?«
»Prima.«
»So. Und was tun Sie mitten in der Nacht im Park?«
»Ich führe meinen Hund aus.«
»Geht er nicht mehr aufs Töpfchen?«
»Seit gestern entwöhnt. Und Sie?«
»Sie meinen, ob ich auch noch...«
»Nein!« Sie schüttelte entrüstet den blonden Scheitel.
»Was Sie hier suchen!«

»Einen geduldigen Stuhl«, sagte Dan. »Einen Tisch davor und darauf ein Bier.«

»Puh. Wie kann man jetzt Bier trinken?«

»Puh. Was wollen wir denn trinken!«

Sie schielte ihn schräg von unten an.

»Ach, ich weiß nicht... vielleicht...«

»Vielleicht einen Whisky. In der Palast-Bar.«

»Sie sind aber ein Säufer.«

»Ich bin aber ein Säufer. Kommen Sie. In diesem Park macht die Sittenpolizei Kontrollen.«

»Sie ...« fauchte Reni, aber Dan hatte sie schon am Arm, und sie ging mit. Na, denn Prost. Ich schlackerte neben Topsy her und überlegte, wie das ausgehen würde.

Nach einer Weile sagte Reni: »Ich hab Blasius gesehen.«

»Blasius«, sagte Dan, »sie hat dich gesehen inzwischen.«

Er war ausgesprochen zum Blödeln aufgelegt. »Wo war das denn?«

»In einem Kaufhaus.«

»Was hat er gekauft?«

»Er war nur mit. Fotografieren.« Dan schwieg.

»Mit so einer Schwarzen, Feschen. Kennen Sie die?

»Ja, ja«, sagte Dan. »Doch. In der Tat.«

Jetzt war Reni still. Aber lange hielt sie es nicht aus. »Mögen Sie Schwarze?«

»Ich mag auch Schwarze.«

»Warum?«

»Ich hab gehört, sie halten, was die Blonden versprechen.«

»Ich kenne es umgekehrt.«
»Tatsächlich? Immer bringe ich alles durcheinander. Heute weiß kein Mensch mehr, ob die Mädchen ihre echte Farbe tragen.«
»Meine ist echt.«
»Das macht die Sache bedeutend billiger für Sie.«
Unter solchen heiteren Reden erreichten wir den Hotelpalast. Funkelnde Wagen standen in langer Reihe davor, und die Drehtür sauste ununterbrochen im Kreis herum. Diesmal nahm ich meinen Schwanz besser in acht und kam unbeschädigt durch. Drinnen war es wohlig warm. Ich sank wieder in den Teppich und bestaunte die ungeheuren Troddeln an den Vorhängen. Ein paar lässige Leute in den Klubsesseln hoben die Köpfe und musterten uns zwei schöne Paare. Dann lasen sie ihre Börsenberichte weiter. Der Portier faßte uns scharf ins Auge und rang sich ein kurzes Lächeln ab, als er Dan erkannte. Wir schritten nach links hinüber und betraten die Bar aus Blau und Silber. Sie war halbvoll. Einige Leute hingen an der Stange der Bar, andere garnierten die Tische. Zum Teil waren auch sie halbvoll, aber sie hatten Übung im Benehmen. Rechts hinten spielten drei fröhliche Burschen mit Schnürsenkelbindern auf einem Flügel und einer großen und einer kleinen Geige. Daneben, auf der gläsernen Tanzfläche, bewegten sich vier Paare mit ernsten Gesichtern, als hätten sie nasse Füße. Es roch diskret nach Whisky, Filterzigaretten und Parfüm von zwanzig Mark an aufwärts.
Bob, der Mixer, verbeugte sich hinter dem Tresen.

»Nehmen wir erstmal einen bei ihm«, sagte Dan.
Wir steuerten auf das linke Ende des Fragezeichens zu.
»Fräulein Reni«, sagte Bob. »Herr Kommissar, Topsy, Blasius. Ich habe die Ehre, Sie im Namen der Gewerkschaft Bier und andere Flüssigkeiten zu begrüßen.«
Reni und Dan erklommen die Stühle. Topsy und ich kamen zusammen auf einen, um nicht zuviel Platz wegzunehmen. So konnte sie nicht von mir abrücken, ohne herunterzufallen, und ich nutzte es aus und quetschte ihre Locken zusammen. Die Whiskys wurden alsbald serviert.
»Auf unsere Hunde«, sagte Dan. »Sie haben's verdient.«
Auch in Renis Glas blieben nur die Eisstückchen übrig. Man konnte sehen, daß sie oft eingeladen wurde.
»Hat Blasi eigentlich eine Frau?« fragte sie.
»Wollen Sie ihm Topsy verkuppeln?«
»Bewahre! Ein Spitz und so was.«
»Könnte seiner Rasse nur gut tun«, erwiderte Dan.
»Sie sind frech! Er sollte ruhig heiraten. Er könnte bestimmt eine Dackelin glücklich machen.«
Wie nett von ihr. Ich hatte aber den Eindruck, daß sie eher Dan meinte als mich. Die Arme.
»Warum nur eine?« fragte Dan und bestellte neuen Whisky. »Soll er es wegen einer mit allen verderben? Hab ich recht, Bob?«
»Vollkommen«, erwiderte dieser. »Sicher macht er die am glücklichsten, die er nicht nimmt.«
»Männer!« rief Reni. »Sie müssen natürlich zu ihm halten!«

»Er bezahlt.«
Das wollte sie nicht in Frage stellen. Sie trank rasch den größten Teil ihres Glases, um der Verdunstung vorzubeugen.
Die Kapelle begann ein mittelheißes Stück.
»Tanzen Sie nicht?«
»Wenn Sie die Füße rechtzeitig wegnehmen.«
Sie verließen uns und wanderten zur Tanzfläche. Wir wollten uns umdrehen und zusehen, aber es ging nicht. Einer wäre bestimmt heruntergefallen. Bob war so nett, uns mit dem Drehstuhl herumzuschwenken.
Unsere Besitzer hüpften über das Glas wie Kinder auf einem Hof. Sie hielten sich an den Händen und warfen die Hacken und Ellenbogen nach außen. Die indirekte Beleuchtung funkelte in Renis Haar, und ihre Beine waren erfreulich anzusehen. Sie lachte Dan an, und der zog sie an den Armen herum, als wäre sie seine kleine Schwester. Ringsum warfen die Leute interessierte Blicke. Die Mädchen taxierten Renis Kleid, und die Männer überlegten, wer der Mann sein könnte.
Es folgte etwas Langsames. Jetzt quetschten sie sich eng aneinander und machten wiegende Schritte. Dan hatte seine Pranke auf Renis Wirbelsäule, und sie kitzelte ihn mit dem echtblonden Haar unter der Nase.
Neben Topsy und mir hatte sich ein wohlgenährtes Ehepaar niedergelassen. Er versuchte erfolglos, mit uns ein Gespräch zu beginnen. Sie bot uns Zucker an, ebenso erfolglos. In diesen Dingen kann ich glashart sein.

Das Tanzpaar kam zurück. Dan hatte feinen Schweiß auf der Stirn.

Auch Reni war heißgetanzt und aufgedreht.

»Sie können es doch ganz gut!«

»Ich hatte Nachhilfestunden«, sagte Dan.

»Gute Lehrerin?«

»Operettentheater. Das Ballett.«

»Sie geben nur an!«

Sie schien aber doch eifersüchtig auf das Ballett zu sein. Ich hatte den Eindruck, daß Dan es bei ihr geschafft hatte, und ich war gespannt, was für Wellen er noch in den Fußboden lügen würde. Auch Topsy schien sich an meinen Körper gewöhnt zu haben. Sie knurrte und meckerte nicht mehr, sondern blieb brav liegen und hielt sich mit sanftem Druck an meiner Seite.

Selbstverständlich dachte ich bei alledem häufig an Loni und Eva, und ich hoffte dasselbe von Dan. Aber wir taten ja nichts Böses, und hier war es so nett, und unsere Begleiterinnen machten unserer Familie keine Schande. Man wird doch noch ausgehen dürfen.

Im weiteren Verlauf des Abends wurden etliche Gläser geleert und Tänze getanzt. Reni amüsierte sich und war zufrieden, und Dan war es auch, denn sie sah hübsch aus und strengte nicht an. Auch Topsy und ich fühlten uns wohl. Wir kamen auf dem Stuhl gut zur Geltung und wurden bestaunt und hörten Komplimente. Ein Hund ist auch nur ein Mensch.

Als es auf Mitternacht ging, dachte Dan aber doch an das

Büro, in dem er am nächsten Morgen aufrecht und mit heiterer Miene sitzen sollte. Auch Reni mußte am Vormittag einen frischen Eindruck machen, wenn sie vor den Kundinnen herumstolzierte. So hatte sie nichts dagegen, die Sitzung zu schließen. Bob schüttelte uns die Hände und Pfoten, und die Kapelle spielte zum Abschied:
»Wenn ich mit meinem Dackel...«
Wir durchschritten die Halle, vorbei am Nachtportier, und die Drehtür wirbelte uns ins Freie.
Nach dem Dunst in der Bar tat die kühle Luft wohl. Wir durften los von den Leinen und waren froh, unsere steifen Ständer schütteln zu dürfen. Dan und Reni wanderten mit hochgeschlagenen Kragen und im Gleichschritt unter dem bläulichen Licht der Bogenlampen. Ich hörte, was sie sprachen.
»Haben Sie viel bezahlt!« fragte Reni mit geheuchelter Anteilnahme.
»Ich bin ruiniert«, antwortete Dan.
»Oh, fein. Was tun Sie nun ohne Geld?«
»Mir bleibt nur die Kugel.«
»Nein, nicht!«
»Nicht? Was kümmert Sie mein Leichnam?«
»Ich will ihn lieber lebendig«, sagte Reni leise. Ein schüchternes Jungfräulein, das konnte man wohl sagen. Es war sicher auch der Whisky. »Und was soll aus Blasius werden?«
»Verhungert«, sagte Dan kurz. »Oder er springt von der Großhesseloher Brücke.«

Nicht schlecht. Die war ziemlich hoch. Ich würde flach wie ein Pfannkuchen sein.

»Kommen Sie doch am Sonnabend zu mir zum Essen.«

Aha. Jetzt nahm die Sache Gestalt an. Obwohl ich Dans Gesicht nicht erkennen konnte, merkte ich, wie er nachdachte. Am Sonnabend würde Eva noch nicht zurückkommen. Es blieb nur ein Junggesellenmahl mit unaufgewaschenen Tellern oder das Wirtshaus.

»Eigentlich würde ich mich doch lieber erschießen, als an Fleischvergiftung...«

Reni puffte ihn in die Seite.

»Ruhig! Ich kann sehr gut kochen.«

»Gibt es lebende Zeugen?«

»Ich lebe ja auch.«

»Von Grapefruitsaft und Joghurt«, sagte Dan. »Da kann nicht viel passieren. Aber ich bin kein Mannequin, und Blasi ist kein Vegetarier. Wie wollen Sie uns sattkriegen?«

»Sie werden schon sehen.«

»Die Lende«, dozierte Dan, »muß mindestens drei Wochen abgehangen sein. Sonst schmecken die Steaks wie getrocknete Kuhfladen. An Schoten nehme man ruhig die größeren, billigeren, denn die kleinen sind zu süß. Dagegen bleibe man bei den Büchsenchampignons unbedingt bei der ersten Wahl. Ein paar handgemachte Eierspätzle runden die Zutaten ab. Kartoffeln sind völlig nutzlos, hindern nur die Aufnahme von mehr Fleisch. Als Vorspeise genügen Kaviarschnittchen und echter Lachs. Artischocken halten nur auf und Suppen sind überflüssig, da ohnehin von Anfang an Getränke gereicht werden. Man könnte an einen Pernod als Aperitif denken, später Bier, Pilsener Urquell oder eine ähnliche Qualität, zum Schluß und als Überleitung ins Nachtleben Bacardi Rum, ein guter Armagnac, irgend so was. Nachspeisen, Käse und dergleichen sind Ballast, wenn der Hauptgang reichlich genug war. Außerdem ißt Blasi keinen Käse wegen seiner Nase. Na ja, so etwas. Sagten Sie etwas?«

Reni sagte nichts. Sie mußte erstmal die Eleganz verdauen, mit der ihr Dan die Speisenfolge beigebogen hatte. Sie würde den ganzen Tag zu tun haben, um das alles heranzuschleifen und zuzubereiten.

»Sicher ist Ihre Küche zu klein«, fuhr Dan fort. »Sie haben völlig recht. Gehen wir ins Palast-Hotel...«

Reni protestierte energisch.

»Nein, nein! Ich hab nur nachgedacht, wie Spätzle gemacht werden. Kommen Sie also?«

»Wir kommen also. Was meinst du, Hund?«

Ich schwieg. Was sollte ich anderes machen.

Wir bogen in eine Seitenstraße ein und landeten vor einem Bienenstock von Haus. Die Klingeltafel an der Tür war groß wie ein Waschbrett.

»Hm, hm«, machte Dan. »Appartement, was? Schlafnische, Müllschlucker, Gemeinschaftsantenne? Zuschlag für Heizung und Lift?«

»Genau.«

»Passen wir da zu viert rein?«

»Bestimmt, wenn ich das Fenster zumache.«

»Machen Sie es zu. Wann?«
»Um sechs?«
»Um sechs. Sie Essen und Bier. Ich Schnäpse. Einverstanden?«
»Ja.«
»Wir hungern drei Tage. Nacht, Reni.«
»Gute Nacht.«
Sie fingerte mit dem Schlüssel herum. Ich verabschiedete mich von Topsy. Sie wackelte leicht mit dem Schwänzchen, und ich tat dergleichen. Dann ging sie mit Frauchen durch den matt erleuchteten Gang. Vor dem Lift winkte Reni nochmal, und Dan hob die Hand. Dann machten wir, daß wir heimkamen. Warum sollten wir nicht bei ihr essen, dachte ich, bevor ich einschlief. Essen war noch nie eine Sünde. Eva soll froh sein, wenn wir sparsam leben.


Am Sonnabend, kurz nach sechs, standen wir vor der Junggesellenkaserne. Dan drückte auf einen von den zahllosen Knöpfen.
Wir waren fein angetan, Dan mit Wochenendanzug, ich mit Extrahalsband. Vielleicht kam doch heraus, daß wir verheiratet waren, und dann durften wir unsere Frauen nicht blamieren. Nein, wie die Frau den Mann herumlaufen läßt, und so. Meine Loni war wieder beim Schwiegervater in Wasingers Villa. Abends sollten sie alle beide mit zu Bekannten genommen werden. So war mein Gewissen leidlich rein, weil ich sie versorgt wußte.

Der Türöffner summte. Der Lift hob uns in den zweiten Stock. Durch eine Flügeltür gelangten wir in einen langen Gang. Fast am Ende trat Reni in Erscheinung und winkte uns entgegen.

Ich sauste los, um sie zu begrüßen. In der Eile vergaß ich, mit dem glatten Steinfußboden zu rechnen. Als ich bremsen wollte, schlitterte ich an Reni vorbei und bumste gegen die hintere Schwingtür, daß es dumpf durchs Gelände schallte. So was Dummes.

Dan kam heran und wünschte guten Abend. Ich begrüßte Reni aufrecht stehend. Dabei sah ich ihr Türschild.

Renée Reinhardt.

Aha. Renée. Das machte sich besser als Bildunterschrift. Reni für die Freunde und Renate auf dem Taufschein. Bei uns Dackeln hat man das auch oft.

Wir traten ein. Der Vorraum hatte die Größe einer besseren Besenkammer. Ich geriet zwischen Dans Füße und konnte nur schwer wieder herausfinden. Nach rechts und links gingen Bad und Küche ab. Auch die Küche war eine winzige Angelegenheit.

Dagegen war das Wohnzimmer groß genug für uns alle. Ein grobfaseriger Teppich lag darin, und in der Mitte saß Topsy mit frisch gekämmten Seidenlocken und begrüßte mich huldvoll. Ich versuchte eine Art Kratzfuß, aber es klappte nicht, wie es sollte.

Die Einrichtung sah aus wie Reni selber. Zierlich und keß. Vor dem großen Fenster hing ein grellbunter Vorhang, der fast die ganze Wand einnahm. Davor stand ein Tisch mit dünnen Beinen und geformt wie eine Cognacbohne, daneben ein Stuhl, der bestimmt nicht wußte, wie er zu diesem Namen gekommen war. Er bestand aus stoffbespannten Stahlröhren und schien sein eigenes Gewicht nicht tragen zu können. Es waren aber noch zwei normale Stühle da. An der rechten Wand hing ein gleichfarbiger Vorhang wie der am Fenster, die andere Hälfte war ein Schrank mit mehreren Abteilungen. Links stand eine Mischung aus Bücherregal und Schreibtisch, die zum Schreiben durchaus ungeeignet war, helles Holz mit goldenen Knöpfen. Auf einem ebensolchen Plattenschrank stand das Radio und jaulte leise vor sich hin. Neben der Tür in einer Vitrine drängten sich Gläser, Vasen, Geschirr, Stoffpuppen und Gummitiere. Die Beleuchtung war so raffiniert, daß man nicht erkennen konnte, ob Staub gewischt war oder nicht.

Reni und Dan kamen herein. Sie war diesmal in Dunkel, in einem leinenen Cocktailgewand, unten weit und oben eng und offenherzig. Die Brosche über dem Ausschnitt gab sich Mühe, aber ganz schaffte sie es nicht.

Reni deutete auf den unmöglichen Stuhl.

»Dort sitzen Sie.«

»Ist das Ihr Ernst?« fragte Dan.

»Mein voller.«

Dan ließ sich vorsichtig nieder. Ich wartete darauf, daß er die Mißgeburt zu einem Drahthaufen zusammendrücken würde, aber es passierte nichts dergleichen. Nur hochkommen würde er nicht mehr.

Reni brachte Gläser und eine Kanne und Dan hebelte den Korken aus der ersten Flasche. Das Zeug war knallrot, und es fing an zu riechen wie in einer Drogerie.
»Es lebe die Kemenate«, sagte Dan. »Prost!«
Sie tranken mit wonneglänzenden Augen.
»Prima«, sagte Reni. »Das macht Appetit.«
Dan erwiderte, daß er mehr Appetit eigentlich nicht brauche. Sie tranken aber doch noch ein paar Gläser. Dann band Reni eine aparte Schürze um ihre Figur und fing an zu arbeiten. Während sie in der Liliputküche klapperte, spielte Dan schnelle Platten, um ihren Eifer zu fördern. Ich kugelte mit Topsy auf dem Teppich herum, aber gemessen und ohne Übermut.
Aus der Küche wälzten sich Wohlgerüche. Reni flitzte ins Zimmer und deckte den Tisch. Tatsächlich, es gab Lachs und Kaviar als Vorspeise, wie bestellt. Dan quälte sich ächzend aus seinem Stuhl, weil er mit dem Kinn kaum die Tischplatte erreichte, und setzte sich auf einen anderen. Sie tranken Bier zum Essen. Topsy und ich waren noch nicht sehr interessiert, weil wir mit Fisch wenig im Sinn hatten.
Dann kamen die Lendensteaks, knusprig, duftend, wohlgarniert. Reni kaute den ersten Bissen und verzog entsetzt das Gesicht.
»Oh Gott! Zu salzig!«
Dan aß tapfer vor sich in. »Nicht der Rede wert«, sagte er. »Ich danke für Ihre Zuneigung.«
Er reichte mir einen Brocken herunter. In der Tat. Elend

salzig. Ein schöner Brand stand uns bevor für die Nacht. Ich fraß es trotzdem, und auch Topsy zierte sich nicht. Reni ärgerte sich ein bißchen, aber Dan tröstete sie und aß alles restlos auf. Ich half ihm, so gut ich konnte. Schließlich kostete es nichts. Der Durst stellte sich prompt ein. Ich trank einen Waschtrog voll Wasser, und Dan räumte unter den Flaschen auf, wie ein Bierfahrer im Sommer.
Später saßen wir in trauter Runde zwischen Gläsern und Zigarettenqualm. Reni erzählte von sich selber. Sie gab dabei ein bißchen an, als hätte sie Dior und Schuberth zu Verwandten und Goethe unter den Ahnen. Eigentlich hätte sie ja Kunstgeschichte studieren wollen, aber man käme so spät ans Verdienen, nicht wahr, so wäre es doch, und Dan sagte, natürlich, so wäre es, aber trotzdem sei es schade, daß die Kunst ohne ihre Begabung auskommen müsse. Dann sah er sich mit ungeheurer Geduld Renis eigene Entwürfe an und fand sie einmalig. Anschließend kamen die Bilder. Topsy und ich saßen auf dem dritten Stuhl und konnten zusehen.
Reni im Abendkleid, Gesicht wie eine Millionärstochter. Reni im Strandanzug, freundlich in die Sonne und zur Linse blinzelnd. Reni im Auto, das Mädchen Rosemarie war nichts dagegen, im Gebirge mit Skistock und in der Bar mit Sektglas, auf dem Markt, wo die Gemüsefrau viermal so dick war wie sie, und Reni im Wasser, und den Bikini konnte man in einer Puderdose verstecken. Zum Schluß wurde die Ausrüstung immer spärlicher. Reni in Unterwäsche, Nachthemd und Schlafanzug, Träume aus

Nylon und Seide, je teurer desto durchsichtiger. Und endlich, wenn auch keusch und künstlerisch fotografiert, Reni mit nichts, um nicht zu sagen überhaupt nichts, nicht mal mit Watte im Ohr.

»Das dürfen Sie eigentlich gar nicht sehen«, sagte sie, und hielt Dan das Album vor die Nase.

»Fabelhafter Stoff, dieses Kleid«, murmelte er. »Und nicht teuer. Wo kriegt man das?«

Reni antwortete nicht, sondern sah ihm über ihr Glas hinweg tief ins Auge, und mir wurde klar, wo man das kriegen konnte. Noch machte Dan einen standhaften Eindruck, aber die Zeit verging, und die Flüssigkeiten schwanden dahin. Er tanzte mit Reni zur Plattenmusik, hielt sich an ihr fest, keine Spielkarte hätte man zwischen sie zwängen können. Nach einigen weiteren Schnäpsen bot er ihr das brüderliche Du an, und sie willigte verschämt ein und küßte ihn dann, bis er keine Luft mehr bekam. Gleichzeitig fing Topsy an, mit mir zu schmusen und meine Grundsätze zu unterhöhlen. O Loni und Eva! Wohin sind wir geraten! Zunächst hielt es Dan noch mit dem Schnaps und wurde langsam aber sicher blau. Reni tat nichts, um diese Entwicklung zu stoppen. Sie wußte, daß es völlig verfehlt ist, einem Mann gleich zu Anfang den Alkohol wegzunehmen. Damit muß man warten. Sie setzte sich auf seinen Schoß und versorgte ihn in regelmäßigen Abständen mit Bacardi-Rum, und zwischendurch verteilte sie den kußechten Lippenstift in seinem Gesicht. Der neue Tag war längst angebrochen. Im Radio klimperte ein einsamer

Pianist. Die Bude war verqualmt wie ein Bahnhof. Ich lag träge auf dem Teppich, das Haupt an Topsys Brust. Dan hing mit Glasaugen in seinem Stuhl. An den Heimweg war unter diesen Umständen nicht zu denken. Reni ergriff entsprechende Maßnahmen.

Sie öffnete das große Kippfenster, um uns neuen Sauerstoff zuzuführen. Sie zog den Vorhang neben dem Schrank zurück. Die Bettnische wurde sichtbar. Ein Doppelbett war nicht darin. Unter dem Bett lag ein Fell, etwa so eins, wie Topsy es trug. Ohne Zweifel ihr Nachtlager und meine Bewährungsprobe.

Ich mußte zusehen, wie mein armer Herr seiner Kleidung beraubt wurde. Seine Abwehrbewegungen waren nur schwach, und gegen Renis Branchenkenntnisse kam er nicht an. Nur wenig durfte er anbehalten. Sie schleifte ihn herüber zum Bett. Er geriet in die Horizontale, und gleich darauf war er weg. Die Vollnarkose war eingetreten.

Reni räumte den Tisch ab. Dann lief sie ins Bad. Als sie zurückkam, sah sie aus, wie das drittletzte ihrer Albumbilder. Wenig Nylon und viel Figur. Na dann gute Nacht.

»Los, ihr beiden«, flüsterte sie. »Unters Bett. Marsch!«

So wurde ich gezwungen, mit Topsy ins Bett zu gehen. Der Himmel ist mein Zeuge, daß ich nicht mit diesem Vorsatz hergekommen war. Was blieb mir übrig. Meinen Herrn hatte es auch erwischt. Sollte ich allein gegen zwei Frauen kämpfen?

Ich machte es mir auf dem Fell bequem. Es war sehr weich und warm. Topsy quetschte sich dicht an mich. Natürlich.

Der Apfel fällt nicht weit vom Pferd.
Oben raschelte Reni mit den Decken herum. Dann klickte es. Das Licht erlosch, und die Finsternis breitete sich über uns Lotterbuben. Vom Fenster her kam frische Luft und vertrieb den Hecht allmählich. Im Haus war es still. Nur von der Straße klang manchmal das Surren eines späten Autos. Mir wurde wohlig warm. Die Müdigkeit kam mit Macht und benebelte mich. Ich dachte noch nach.
Da lagen wir nun, wir Ehemänner aus Leidenschaft. Dan auf dem Bett, ich darunter. Bei fremden Mädchen. Verein der Eigenbettschoner e. V. Wir betrogen unsere Frauen nicht gerade – Dan schnarchte, und bei Topsy und mir wären noch technische Schwierigkeiten dazugekommen – aber immerhin, unsere Situation war lausig eindeutig, und wer glaubt einem hinterher noch, wenn man sagt, es wäre doch gar nichts passiert. Die lahmste aller Ausreden. Ebensogut könnte man sagen, man wäre in die Bank eingebrochen, um morgens der erste am Schalter zu sein. Und die Nacht war noch gar nicht herum. Wer wußte, was sie in ihrem Schoße barg. Was würde Dan tun, wenn er plötzlich erwachte und ein Mädchen neben sich vorfand, das nicht unbedingt beabsichtigte, ins Kloster zu gehen? Hoffentlich hielt die Betäubung lange genug vor.
Meine Gedanken gerieten durcheinander wie Spielkarten. Loni, dachte ich. Eva. Sie dürfen nichts merken. Es soll nicht wieder vorkommen. Nur nichts merken. Und der Landgerichtsdirektor! O Himmel! Der Schlag würde ihn treffen, wenn er sehen könnte, wie meilenweit wir vom

rechten Pfade abgekommen waren. Wir können nichts dafür. Habt Mitleid mit uns. Sie haben uns in ihre Netze gezerrt. Vergewaltigt.
Dann schlief ich ein.
Ich träumte Verschiedenes. Ein Elefant verfolgte mich und trat mir in die Weichen. Ich rannte ununterbrochen und hatte furchtbaren Durst dabei. Der Elefant kam immer näher. Ich wollte gerade in mein Körbchen, da erscholl neben mir ein entsetzliches Wolfsgeheul. Mit einem ungeheuren Satz erreichte ich den Korb, schmiegte mich an Loni und wachte auf. Es war nicht Loni, sondern Topsy. Sie war im Traum auch gelaufen und hatte mich in den Bauch getreten, und es heulte auch kein Wolf, sondern Dan war erwacht und gähnte. Ich sah die fremden Möbel. Die Farben des Vorhangs leuchteten schon matt im Morgenlicht.
Ach so. Wir waren ja gar nicht zu Hause.
Ich hörte Renis Stimme.
»Ausgeschlafen?«
»Nein. Wie kommst du in mein Bett?«
»Du warst ganz betrunken, mein Lieber.«
»Kaum zu glauben. Wo ist Blasi?«
»Drunter«.
Die Federn knirschten.
»Ooh«, sagte Dan.
»Kopfschmerzen?«
»Gar kein Ausdruck.«
»Willst du eine Tablette?«

»Zwei. Und einen Topf Wasser.«

»Sofort, mein Herr.«

Ihre nackten Beine erschienen vor unserem Lager. Sie kroch in ein paar Pantöffelchen mit Fellbesatz und trippelte zur Tür. Ich riß mich von Topsy los und folgte ihr. In der Küche sah ich an ihrer leichtbekleideten Erscheinung empor.

»Nanu? Auch Durst?«

So war es.

»Du hast doch gar nichts getrunken.«

Es ist dein Steak, dachte ich. Das Salz der Liebe.

Sie gab mir Wasser, und es tat wohl. Dan schluckte seine Pillen und groß den Krug hinterher. Topsy kam unter dem Bett vor und streckte sich ausgiebig. Was für ein heiterer Morgen.

»Wie spät ist es?« fragte Dan.

»So spät noch nicht.« Reni machte keine Anstalten aufzustehen. Sie schlenkerte die Fellpantoffeln fort und legte sich mit Anmut wieder neben Dan. Noch war die Gefahr nicht gebannt. Ich beschloß zu handeln. Ich nahm Anlauf quer durch das Zimmer und drückte mich mit Macht ab. Ich segelte über Renis reizende Gestalt, landete auf Dans Bauch und rollte herunter, zwischen die beiden. Reni konnte gar nicht so schnell folgen. Ich rappelte mich auf, küßte Dan auf die Nase, bis er mich an den Ohren erwischte. Dann machte ich mich lang und blieb liegen. Es war vollbracht. Nur über meinen Leichnam sollte sie sich an meinem Herrn vergreifen, die blonde Schlange.

»Macht er das immer?« fragte sie.
»Er kann gar nicht anders. Betten sind seine Leidenschaft.«
»Nicht nur seine.«
Jetzt packte Topsy die Eifersucht. Sie stellte sich jaulend am Bettrand hoch. Reni faßte sie um den Brustkorb und legte sie auch in die Anstandsritze. Da waren wir denn alle. Dan mußte an die Wand rutschen.
»Eng, was?« fragte Reni.
»Volk ohne Raum. Kommt noch Besuch?«
»Heute nicht.«
»Gott sei Dank. Hast du mich ausgezogen?«
»Ja, Meine Zofe hat Urlaub.«
»Nett von ihr.«
So verbrachten sie die nächste halbe Stunde auf Renis Bett. Sie alberte mit Dan herum, aber richtig zur Entwicklung kam sie nicht, weil wir hindernd dazwischen lagen. Wie gut, daß Dan mich mitgenommen hatte.
Mit der Zeit schien sein Kopfweh zu schwinden und das Gewissen ihn zu plagen. »Noch Durst?« fragte Reni.
»Nein, Hunger. Ist das Zimmer mit Frühstück?«
Sehr vernünftig. Wir waren einmal hier, versackt, gestrauchelt am Wege. Warum dann nicht noch das Frühstück mitnehmen?
»In Ausnahmefällen mit«, antwortete Reni.
»Kann ich mir solange den Hals waschen?«
»Du kannst sogar baden.«
»Mein Körper wird staunen.«

Reni hüpfte aus dem Bett und zog einen rassigen Morgenrock an. Sie lief ins Bad.

»Hinaus mit euch, ihr Anstandswauwaus«, sagte Dan und schubste uns über die Bettkante. Er kam hinterher. Dann sah er zur Uhr, warf kopfschüttelnd einen Blick auf mich und stakste hinaus. Wir hörten das Wasser rauschen. Später plätscherte er vernehmlich, aber er vermied den üblichen Badegesang, um die Nachbarn nicht auf unseren Fehltritt zu stoßen. Währenddessen tilgte Reni die letzten Spuren des Gelages und stellte zerbrechliche Tassen auf den Tisch. Kaffeeduft quoll durch die Räume, und Spiegeleier knisterten im Fett. Wie ich Dan kenne, hätten wir diese Hausfrau bestimmt behalten, wenn wir nicht verheiratet gewesen wären. Er trat ein, rosig wie ein Marzipanferkel.

»Heu! Ist das ein Heiligenschein?«

»Es ist deine Babyseife. Nur der Bart...«

»Ich habe einen Rasierer.«

»Für solche Fälle?«

»Für meine Beine!«

Als der Bart ab war, setzten sie sich zur Tafel. Dan aß mit bestem Appetit, als hätte das Abendbrot nie stattgefunden. Der konnte essen.

»Gut der Kaffee«, sagte er. »Kann vor Kraft nicht aus der Kanne. Mein Hut wird nicht mehr passen.«

»Das liegt am Schnaps. Schieb's nicht auf den Kaffee.«

Das Frühstück ging zu Ende. Sie rauchten eine Zigarette und redeten Unsinn. Es wurde langsam Zeit, den Abendbrotbesuch zu beenden. Dan schien auch dieser Ansicht zu sein. Außerdem mußte ich runter.

»Tja, Reni«, sagte Dan und zerquetschte seinen Stummel. »Ich glaube, wir müssen von hinnen weichen, Graf Ernst, sprach also von Gleichen.«

»Schon?«

»Schon ist gut. Wir sind viel zu lange da. Noch länger, und du verlangst Miete.«

Sie strich über sein frischgewaschenes Haupt.

»Von dir würde ich keine Miete verlangen.«

»Das ist nett. Wo man so viel liest von raffgierigen Wirtinnen. Ich werde einen Leserbrief schreiben.«

»Seh ich euch einmal wieder?«

»Warum sollst du uns nicht mal wiedersehen. Die Palast-Bar ist allen Durstigen geöffnet.«

Reni stand auf, trat dicht vor ihn und faßte ihn an den Revers des Wochenendanzuges.

»Du – eigentlich könnt ihr uns auch mal einladen! Geht das nicht? Ich mache das Essen...«

Dan schwieg und sah sie an. Ich war gespannt, was kommen würde. Mal mußte es doch heraus. Lieber gleich als später. Viel zu lange hatte er schon gewartet. Zum Belügen war sie eigentlich zu nett. Warum schlecht denken von ihr? Sie hatte uns nun mal gern.

»Ich fürchte, Reni«, sagte Dan, »es geht nicht.«

Sie ließ ihn los. »Nicht? Warum nicht?«

Einen Augenblick zögerte er noch. Dann sagte er: »Meine Frau wird was dagegen haben.«

Sie wurde nicht blaß, aber sah so enttäuscht aus, daß sie mir leid tat.

»Deine Frau? Du bist verheiratet?«

Er nickte. »Ich bin. Mit der feschen Schwarzen, die dich geknipst hat.«

»Ja und...«

»Sie ist verreist. Bis Montag.«

Reni schien es nicht zu fassen.

»Blasius ist auch vergeben«, sagte Dan. »Seit ein paar Monaten hat er eine Frau, und sie lieben sich sehr. Wir haben euch besucht, und wir waren gern hier. Wirklich. Aber nun müssen wir wieder. Bist du böse?«

Sie war nicht böse. Sie machte auch kein Theater. Nur traurig sah sie aus. Dan zog sie an den Ohren heran und küßte sie mit Anstand und nett.

»Ärgere dich nicht, Reni. Wir sind ein verwahrloster Haufen, ich weiß. Ich liebe Eva. Wenn ich dein Mann wäre, würde ich dich auch nicht betrügen.«

Sie nickte und fingerte nach einer neuen Zigarette. Dan gab ihr Feuer.

»Nehmen wir noch einen Bacardi«, sagte er. »Auf dein schönes Wohl.«

Sie tranken, und ich verabschiedete mich von Topsy. Hatte sie ganz gerne, die kleine Spitzmaus, trotz ihrer Angabe und ihres Getues. Wahrscheinlich dasselbe wie bei Reni und Dan.

Dann gingen wir. Wir machten es kurz. Nichts ist so scheußlich, wie in die Länge gezogene Abschiede.

»Alles Gute, Reni«, sagte Dan. »Ich wünsche dir einen Modesalon, so groß wie das Saargebiet. Wiedersehen.« Er gab ihr noch einen Kuß, und ich hopste an ihr hoch und bedankte mich für alles. Dann wanderten wir auf dem glatten Korridor dem Ausgang zu.

Auf der Straße sagte Dan: »Jetzt ist Schluß damit, hörst du? Reiß dich zusammen, denk an dein Weib!«

Er hatte völlig recht. Wir hatten unseren Ausflug ins Laster elegant überstanden und näherten uns wieder dem rechten Weg. Niemand würde etwas merken, und in Zukunft würden wir allen Anfechtungen aus dem Wege gehen. Und schließlich – was war schon passiert. Nichts. Wenn Eva Dans Abschiedsworte gehört hätte, könnte sie gar nichts sagen.

Leider hatte sie nichts gehört.

Wir traten in den heimatlichen Hausflur. Im Lift witterte ich einen Geruch, der mir den Kreislauf zusammenschnürte. Als wir vor der Wohnungstür standen, wußte ich, was es war, und mir wurde übel vor Angst.

Eva war da.

Ich versuchte, Dan zu warnen, indem ich ihn am Hosenbein zog. Er hielt es für dummen Ulk und achtete nicht darauf. Er sah Eva, als er die Wohnzimmertür mit Schwung aufstieß. Sein Unterkiefer sank ihm auf die Krawatte.

Sie saß im Erker, mit dem Gesicht zur Tür. Obwohl sie schön war wie immer, verhieß ihr Gesicht Sturm, und die Luft rundherum war dick.

Dan zog seine Kinnlade hoch und sammelte sich.
»Eva!« rief er. »Mädchen! Das ist ein Ding! Ich denke, du kommst morgen!«
»Ich habe es gemerkt.«
Oh. Sie war sauer wie eine Dose Rollmöpse. Dennoch eilte Dan auf sie zu und umarmte sie. Kuß und Umarmung nahm sie hin mit der Teilnahme einer steinernen Brunnenfigur.
Ich hatte inzwischen Loni erspäht. Eva hatte sie von Wasingers abgeholt, und sie kam aus dem Körbchen heraus und mir entgegen, ganz liebende Gattin.
Aber dann roch sie an mir, und ihre Wiedersehensfreude erstarb. Sie erschnupperte Topsys Geruch und Renis Parfüm. Beides war merkbar in mein Fell übergegangen. Ich war sozusagen imprägniert, nur ich selbst roch es nicht mehr.
Loni hörte auf zu wedeln und zog die Nase kraus. Dann machte sie kehrt, stolzierte zum Körbchen zurück und knallte sich hinein. Da hatte ich den Salat. Dan erging es nicht besser.
»Wo warst du?« fragte Eva mit einer Stimme wie ein Tiefkühlfach.
Dan faßte sich an die nunmehr freiliegende Krawatte.
»Ich – wir – ich – wir waren eingeladen.«
»Bis jetzt?«
»Nicht gerade bis jetzt... es wurde etwas später.«
»Etwas früher! Wo?«
Die Katastrophe nahte gleich einem Schnellzug. Dans

lügnerische Begabung war wie weggeblasen, trotz seines täglichen Umganges.

»Ach ... Bekannte ...«

An dieser Stelle eines Dramas findet die Heldin beim Helden grundsätzlich ein verräterisches Haar auf dem Anzug. So auch bei uns. Eva stand auf und nahm ein solches von Dans Schulter. Es hatte im Sonnenlicht gegleißt, denn es war weißblond und stammte nicht gerade aus einem Bürstenhaarschnitt.

»Bekannte. Entfernte, wie? So entfernt, daß sie Haare auf deinem Anzug lassen. Und parfümiert waren sie auch. Guerlain. Das neueste Herrenparfüm.«

Dan wollte stottern. Nicht einmal das schaffte er mehr. Eva stellte auf Grund der zwei Symptome die Diagnose messerscharf.

»Fräulein Reni, was?«

Dan nickte mit hängender Birne. Leugnen war zwecklos.

Eva ließ das Haar fallen. Sie ging vor zur Tür und öffnete sie.

»Bitte! Geh gleich wieder hin. Sie wird noch nicht angezogen sein.«

Dan sah sie an mit dem Blick eines sterbenden Hundes.

»Eva – ich schwöre dir, es ist nichts gewesen. Absolut nichts! Ich war blau. Habe geschlafen und bin wieder gegangen...«

»Das darfst du jetzt auch tun. Bitte.«

Na ja, es war verständlich. Sie hatte uns überraschen wollen, hatte sich gefreut, wollte mit uns erzählen und feiern.

Und wir waren weggeblieben, die ganze Nacht und den halben Vormittag. Sicher machte sie es zu dramatisch, sie hätte erst zuhören sollen, aber sie war wütend und Verhandlungen abgeneigt. Hätte ich bloß reden können!
Und nun kam der Kurzschluß auch bei Dan. Er hatte noch etwas Sprit im Blut, und anstatt schön und artig zu sein, blies er sich auf und machte auf Haushaltungsvorstand.
»Willst du hier mit aller Gewalt ein Theater inszenieren?« fragte er scharf. »Was soll der Unsinn?«
»Ich will, daß du gehst. Und zwar sofort!«
»Das ist zur Hälfte meine Wohnung!« brüllte Dan. »Und sie war ruhiger, solange du Urlaub hattest...«
Eva holte aus. Ich schloß die Augen.
Peng! Ein Schlag hatte das Mädchen wie eine Domglocke. Ich öffnete schüchtern die Lider. Eva stand kampfbereit vor ihrem mißratenen Ehemann. Ihre Augen funkelten. Über seine frisch rasierte Wange zogen sich fünf rote Streifen. Der Orden für schlechtes Betragen. Dan starrte sie ein paar Sekunden an mit angespannten Kaumuskeln und Stielaugen. Dann drehte er sich auf dem Absatz.
»Blasi! Komm!«
Was sollte ich machen? Der Hund gehört zu seinem Herrn. Dan hatte mich in die Ehe eingebracht. Auch mein Weib hatte mich mit Verachtung geschlagen und sich von mir gewendet. Ich folgte Dan.
Er riß Hut und Mantel vom Garderobenhaken und rannte hinaus. Ich kam gerade noch durch die Tür. Er ballerte sie zu, wie es sich für die echte Tragödie gehört. Im Flur fiel

ein Bild herunter. Kein Wunder. Dan hatte es angenagelt. Wir stürmten auf die Straße. Dann erst zog er seinen Mantel an.

Anschließend liefen wir in irgendeine Richtung. Nur fort von der Stätte unserer Demütigung. Dan hatte die Fäuste in den Taschen und den Kopf vorgeschoben, wie ein Stier in der Arena. Er sah nicht nach rechts oder links. Einmal lief er gegen eine Gaslaterne und sagte: ›Verzeihung‹ zu ihr.

Als wir etwa fünf Kilometer marschiert waren, wurde es ihm langweilig. Er hob sein Haupt und spähte nach Wirtshausschildern. Ich atmete auf. Das war das erste Zeichen der Krampflösung.

Ich wußte, daß unser Stammlokal sonntags geschlossen war. Wir entdeckten in einer Reihe von pompösen Wohnhäusern mit teuren Geschäften eine Kneipe mit dem schönen Namen ›Ithaka‹.

»Das ist die Zuflucht der Umherirrenden«, sagte Dan. »Odysseus hat sie auch gesucht.«

Wer war Odysseus? Sicher hatte sein Weib ihn ebenfalls geohrfeigt und rausgeschmissen. Wir traten ein. Es war die übliche, moderne Ausweichdiele für vergrämte Untermieter und Liebespaare ohne eigenes Auto. Zwei Spielautomaten, eine Musikbox, an der rechten Wand eine lange Theke, links einige Nischen mit traulichen Bänken und Nachttischlampen. Am Tresen lärmten drei junge Burschen mit Lederjacken und Niethosen über den unruhigen Gliedmaßen. Sie hatten schon allerhand zu sich genommen. In der hintersten Nische saß ein älterer, mildlächelnder Herr hinter einer Weinkaraffe und blätterte in der Sonntagsausgabe. Aber in der zweiten Nische, da war jemand, den wir kannten, und ich sauste auf ihn los und tapste auf seine Bügelfalten.

Eugen, unser Wirt aus der Bierklause, die am Sonntag die Pforten verrammelt hatte.

Er hatte das Haupt in die Hände gestützt. Mit tieftraurigen Augen starrte er auf die Schaumreste in seinem Glas. Er sah aus, als hätte er gerade den Offenbarungseid geleistet. Jetzt entdeckte ihn auch Dan und kam heran.

»Ja, Eugen!« sagte er. »Alte Fischhaut! Was hat dich vom heimatlichen Herd vertrieben?«

»Rosel«, sagte Eugen mit Begräbnisstimme. Rosel war die zukünftige Wirtin. Die übten ihren Ehekrach schon vor der Hochzeit, damit es nachher besser ginge.

»Grüß dich, Dan. Grüß dich, Blasi.«

Dan zog sich aus und setzte sich.

»Rosel? Sieh einer an! Dich auch!«

»Wieso auch?«

»Uns hat Eva rausgeworfen.«

Eugens Interesse erwachte. Er war nicht allein auf der Welt mit seinem Schmerz.

»Ja, gibt's das auch? Ist der Teufel in die Weiber gefahren? Was ist los?«

Dan bestellte zwei große Biere und fing an, unsere Geschichte zu erzählen. Weil ich sie schon kannte, sah ich mich kurz im Lokal um. Dabei bemerkte ich, daß die Lederjünglinge am Tresen kühne Blicke auf unsere Nische warfen und dämlich feixten. Ich kümmerte mich nicht um sie, kehrte zur Nische zurück und hopste auf die Bank neben Dan. Er hatte gerade geendet und zeigte auf seine Backe, wo die Abdrücke von Evas zarter Hand noch immer sichtbar waren.

»Kreuz Kapuziner«, sagte Eugen. »Dasselbe wie bei mir! Haut mir doch eine hinein, wegen so einem Schmarren, so einem blöden! Die Erika, weißt, die blonde Langbeinige. Die kommt immer am Sonnabend. Macht mir die Rosel einen Krach, daß die Wände zittern! Ich schaute immer so auf die Erika! Ich schau immer auf alle Gäste! Hast du je gesehen, daß ich auf Erika geschaut hab?«

»Ach«, sagte Dan, »du hast schon immer mal auf sie geschaut. Aber du hast nur an den Umsatz gedacht dabei.«

»Natürlich. Die Rosel denkt, ich mach mir was aus der.«

»Die Blonden sind unser Unglück.«

»Na, ich hab die Tür zugeschmissen und bin fort. Das kannst du dir vorstellen.«

Dan nickte. »Kann ich. Trifft sich ausgezeichnet. Warum sollen andere Wirte nichts verdienen. Wie geht's Geschäft sonst?«

»Wie immer. Vormittags kommt keiner, und am Nachmittag läßt es dann wieder nach.«

Dafür kam der Ober mit dem Bier. Ich sah mit Erstaunen, daß er Dan nur ein halbvolles Glas brachte. Der Nachwuchs am Tresen war verstummt und fixierte uns scharf.

»So ein feiner Witz«, sagte Dan. »Hahaha.«

»Verzeihung, der Herr.« Der Ober sah etwas furchtsam aus. Er war schmächtig und schien keine Tapferkeitsmedaillen zu besitzen. »Der eine von den dreien da vorn hat daraus getrunken. Der große in der Mitte. Er hat gesagt, ich soll ausrichten, er trinkt immer vom ersten Bier, wenn ein Gast fremd ist.«
Dan schleifte sein Auge über den Kellner und hinüber zu den Jünglingen und heftete es auf den in der Mitte. Der grinste frech und hob sein Glas gegen uns. Er hatte schiefe Augen und glattes, klebriges Haar.
»Noch minderjährig«, sagte Dan vernehmlich. »Nun passen Sie auf, mein Teurer. Nehmen Sie das Glas, bringen Sie mir ein volles, schreiben Sie es dem Herrn mit auf die Rechnung, und richten Sie ihm aus, mir wäre heute nicht witzig. Ein andermal gern. Also.«
Der Ober machte ein Gesicht, als ahnte er kommendes Unheil und wollte seine Hände schon vorher in Unschuld waschen. Er ging zur Theke zurück. Eugen hatte gar nicht richtig mitgekriegt, was los war. Er war wieder zusammengesunken und dachte an Rosel und die Schmach, die ihm widerfahren war. Auch Dan achtete nicht mehr auf die Vorgänge an der Theke, bis der Ober zum zweitenmal kam.
Wieder war das Glas angetrunken.
»Na schön«, sagte Dan.
Er schnallte seine Armbanduhr ab und steckte sie in die Manteltasche. Dann stand er auf. Er faßte das Glas und ging langsam und lächelnd zum Tresen hinüber.

Vor dem Schiefäugigen blieb er stehen. Dessen Grinsen ließ etwas nach.

»Na, Opa?« quetschte er zwischen den Zähnen heraus.

»Grüß Gott, Frühgeburt«, sagte Dan. »Ich höre, Sie trinken immer erst vom Bier eines Fremden. Warum so bescheiden? Nehmen Sie alles!«

Er machte eine kurze Bewegung. Ein halbes Glas guten Exportbieres klatschte dem Antrinker ins Gesicht.

»Sehr zum Wohle«, sagte Dan.

Die Augen des anderen wurden noch schiefer. Er schoß von seinem Barschemel herunter und warf sich gegen Dan. Aber der war auf plötzliche Angriffe trainiert. Er wich aus. Seine rechte Faust krachte unter die Kinnlade des bierbenetzten Gesichtes. Aller Zorn des Morgens saß hinter dem Schlag. Den Schiefäugigen hob es hoch. Dann setzte er sich wie ein Sandsack auf seinen Niethosenboden. Ende er ersten Runde.

»Bitte, ein neues Bier«, sagte Dan zum Kellner. Er wollte zu uns zurückgehen. Da sprang ihn der an, der ihm im Rücken gesessen hatte, und umklammerte ihn von hinten. Gleichzeitig erhob sich der Große wutentbrannt, und auch der dritte wollte sich einmischen.

Das war für Eugen, den Traurigen, das Angriffssignal. Bei dem Knall des Kinnhakens hatte er aufgeblickt, wie ein Gefangener in der Zelle, wenn die Schlüssel rasseln. Jetzt sah er die willkommene Gelegenheit, auch seinen Ärger loszuwerden. Er sprang hoch, war mit ein paar Sätzen drüben, faßte den rückwärtigen Angreifer am Kragen und zwirbelte ihm den zusammen. Das störte die Luftzufuhr erheblich. Der Bursche ließ Dan los, drehte sich halb um, und da setzte ihm Eugen die Faust aufs Auge, daß ich die Sterne bis zu meinem Platz sehen konnte.

Jetzt wurde es interessant. Ich sprang vor Aufregung auf den Tisch, obwohl mir das sonst streng untersagt ist. Hier saß ich dicht am Ring. Der alte Herr in der letzten Nische legte die Zeitung weg und setzte eine andere Brille auf. Er schien äußerst zufrieden mit der Abwechslung. Der Kellner ließ seine Serviette fallen und floh durch die rückwärtige Tür.

Inzwischen wollte der dritte der Lederfreunde seinem luftknappen Kumpel zu Hilfe kommen. Er rückte vor und schlug Eugen aus einiger Entfernung in den Bauch. Er traf offenbar nur eine beachtliche Speckschicht, steigerte aber Eugens Grimm. Eugen schleuderte den zweiten zur Seite, daß er taumelnd gegen die Musikbox bumste. Sie fing an zu spielen, einen bayrischen Ländler.

›Sonntagsfrieden.‹

Dann schnappte sich Eugen den, der ihm den Speck massiert hatte. Er war der kleinste von den dreien. Das war sein elendes Pech. Es ballerte zweimal kurz und trocken. Dann hatten die vertriebenen Ehemänner nur noch zwei Gegner. Der Kleine lag lang und schlief. Von nun an konnte ich kaum mehr folgen. Der Große hatte sich aufgerappelt und auf Dan gestürzt. Eugen wandte sich dem zu, der den ›Sonntagsfrieden‹ ausgelöst hatte. Die vier Herren schlugen mit beträchtlicher Fertigkeit aufeinander los.

Auch meine Freunde fingen einiges ein, und einmal warf es Dan in unsere Nische. Er stieß den Tisch um und mich herunter. Eugens Bierglas zerbrach. Ich bellte aus voller Lunge. Es war ein Krach wie auf dem Oktoberfest. Der alte Herr in der Ecke freute sich unbändig und schlug sich auf die Schenkel.

Eugen wischte mit einem verfehlten Hieb etliche Gläser und Flaschen von der Theke. Zwei Barstühle und ein Tisch wurden zu Feuerholz. Es war großartig. Von mir aus hätte es stundenlang so weitergehen können.

Aber die Ledermänner waren im Nachteil. Sie hatten geringere Erfahrung, und sie mußten gegen den aufgespeicherten Groll kämpfen, den Dan und Eugen seit dem Morgen mit sich herumtrugen. Hinter jedem Schlag saß die Erinnerung an die Ohrfeigen.

Die schiefen Augen des Großen waren kaum mehr zu sehen. Seine Nase dafür um so mehr. Er schlug blind in die Gegend, und Dan stellte sich ihn zurecht und schmierte ihm eine, daß ihm die Ohren flatterten. Er stolperte hintenüber, krachte gegen einen Spielautomaten und blieb unten. Ein Wasserfall von Groschen rauschte heraus und kühlte ihm die geschwollene Birne. Auch Eugen war mit seinem zu Ende. Nach einem bildschönen Schwinger wankte der Gegner mit weichen Knien zur Tür. Er öffnete sie, Eugen gab ihm einen Tritt, und er war draußen – die Straße hatte ihn wieder. Sie griffen sich zu zweit den Großen und warfen ihn hinterher. Der dritte war schon getürmt, unbemerkt und ohne seine Anschrift zu hinterlas-

sen. Die Zithermusik des bayrischen Trios brach ab. Urplötzlich war es still wie in einer Speisekammer. Nur der alte Herr lachte weiter.
Dan schüttelte Eugen die Hand und bedankte sich für seine Mitwirkung. Sein Sonntagsanzug war nur noch für das Büro zu gebrauchen. Auch Eugen glich einem Niederbayern nach der Kirchweih.
Sie sahen sich um.
»Schöner Schaden«, sagte Dan.
»Warten wir auf den Ober«, entgegnete Eugen. »Eine Halbe brauch ich sowieso.«
Sie hoben die Möbel und Splitter auf. Dan sammelte die Groschen ein und steckte sie wieder in den Spielautomaten, ohne etwas zu gewinnen. Ich kam heran, um alles genau anzusehen. Der Mann in der Ecke war schon fast erstickt vor Lachen. Dann hörten wir schleunige Schritte. Die Tür hinter der Theke flog auf. Ein Mann stürzte herein, im Morgenrock, mit Bettfrisur und Triefaugen. Es war der Pächter.
Er fing ohne Verzug an, lästerlich zu schimpfen, in Ausdrücken, die ein Krokodil hätten erröten lassen. Dann hörte er das Lachen in der Ecke und brüllte: »Sie, finden S' des so lustig? Wollen Sie des zahlen?«
Der alte Herr kicherte und gluckste noch eine Weile. Endlich konnte er aufstehen. Hinter seiner Brille klebten die Tränen und sickerten über das Gesicht.
»Des will i«, sagte er keuchend. »Des war's wert.«
Der Pächter bekam runde Augen.

»Oh – der Herr Brauhuber – hab Sie gar nicht gesehen, Herr Brauhuber – Grüß Gott, habe die Ehre, Herr Brauhuber – ja, was sagen Sie zu so einer...«

»Nix. Räumen S' des weg, Obermeier. Des zahl i. Und bringen S' uns Bier. Und einen Sekt. Die haben's verdient. Und angefangen haben die anderen. Kommen S' mit zu mir, meine Herren. Du auch, Hunderl.«

Wir verstanden nichts. Dan und Eugen gingen mit. Ich trottelte hinterher. Sie stellten sich und mich vor. »Sehr erfreut«, sagte der Herr Brauhuber. »Mei, war das eine Gaudi. Ich hätt so gern mitgetan. 's geht halt nimmer. Hab i eine Freud gehabt, als Sie die Hallodris aussig'schmissen ham, die lumperten!«

Er klemmte sich ächzend auf seinen Sitz.

»Mir gehörn nämlich die Häuseln da. Und des Lokal auch. Der Herr Obermeier ist mein Pächter. Ja.«

Etwas begann Eugen zu dämmern.

»Ach, von der Brauerei Brauhuber...«

»So is. Daher der Name.«

Wir hatten einen ausgewachsenen Millionär am Tisch, obwohl er nicht so aussah. Die Kämpfer redeten keinen Ton mehr von dem angerichteten Schaden. Das hätte Herr Brauhuber beleidigt. Hatten die ein Glück.

Es kam viel Bier und auch Sekt. Die müden Helden blühten wieder auf. Herr Brauhuber schilderte Kampfszenen, die ihn besonders begeistert hatten und brach dabei in neues Gelächter aus. Nach etlichen Runden waren Dan und Eugen soweit, dem netten Gastgeber ihr Herz auszuschütten und zu erzählen, aus welchen fatalen Gründen sie hier zusammengetroffen waren.

»Ja, gibt's des aa?« sagte Herr Brauhuber. »Des wer ma glei hab'n. Haben S' Ihre Telefonnummern?«

Sie hatten sie. Einspruch war zwecklos. Der Boxmäzen ging zur Theke ans Telefon. Er erzählte zweimal dieselbe Geschichte.

Brauereibesitzer Brauhuber. Streit in einem seiner Lokale. Blutbad ohnegleichen. Einrichtung vollständig zertrümmert. Kosten noch gar nicht abzusehen. Nein, nicht schwer verletzt, nur seelisch. Ob vielleicht irgendein Grund... ja, die Adresse war Ithaka. Ja. Ende. Er ließ noch eine Flasche kaltstellen und kam vergnügt grinsend zurück.

»Gleich san s' do«, sagte er.

Und so geschah es. Knapp zehn Minuten vergingen. Dann rauschten Eva und Rosel gleichzeitig über die Schwelle, gefolgt von Loni, meiner bei weitem besseren Hälfte. Die Begrüßung war so, als hätte es nie einen Krach gegeben, und als wären wir von einer Südpolexpedition zurückgekommen. Von Ohrfeigen war keine Rede mehr. Welch ein Wandel.

Herr Brauhuber wurde den Damen vorgestellt. Er lobte ihre Männer in höchsten Tönen.

Einen pfundigen Schlag hätten sie am Leib. Und hart im Nehmen. Manchmal fehlte es an der Beinarbeit, aber die Deckung wäre gut, und Luft hätten sie auch für eine längere Distanz.

Die Mädchen hörten mit offenem Mund zu und schüttelten die Köpfe. Sie waren erstaunt, was für Raufbolde sie sich eingehandelt hatten.
Es kam noch eine dritte Flasche, und es wurde sehr lustig. Beim Abschied mußten wir Herrn Brauhuber versprechen, am nächsten Sonntag zum Frühschoppen zu kommen.
»Hoffentlich san die andern aa wieder do!« rief er uns nach. Der hatte Nerven.


Wir trennten uns von Eugen und Rosel und fuhren nach Hause. Ich war jetzt ziemlich müde, und auch Dan sah aus, als käme er vom Nachtdienst. Zu Hause badete er. Ich ging mit Loni in unser Körbchen und war froh, alles überstanden zu haben.
Aber es kam noch etwas nach.
Als Eva und Dan schlafen gingen, hopsten wir zu ihnen ins Bett, um gute Nacht zu wünschen. Wir lagen am Fußende, wärmten ihnen die Sohlen und hörten sie sprechen in der Dunkelheit.
»Bist du mir noch böse?« fragte Dan.
»Nein.«
»Es war nichts, Eva. Überhaupt nichts. Nur gepennt. Ich mach es nie wieder.«
Pause.
»Glaubst du mir?«
Sie glaubte ihm. Ich versprach mir selber, es auch nie wie-

der zu machen. Loni war viel schöner als so ein selbstgehäkelter Spitz.
Dann sagte Eva leise: »Ich hätte mich nicht so aufgeführt, Dan. Aber...«
»Was aber?«
»Rat mal.«
Dan riet. Wir spürten, wie er sich anstrengte. Plötzlich fuhr er hoch. »Eva!«
Wir hörten einen Kuß, einen ganz sanften.
»Eva... ist das wahr? Wirklich?«
»Ja.«
»Na, das ist doch.. raus mit euch, ihr Ungeziefer! Verschwindet.«
Wir machten, daß wir fortkamen. Ich wußte, was es war, bevor wir das Körbchen erreicht hatten.
Wir bekamen ein Kind. Eva bekam ein Baby.

In der nächsten Zeit waren wir abgemeldet. Dan hatte nur Eva im Kopf. Er nahm ihr alles ab, machte Sachen, die ihm vorher nicht im Traum eingefallen wären. Es strengte ihn sichtlich an, Vater zu werden. Er wurde dünn und blaß. Ich bedauerte ihn, hatte aber plötzlich keine Zeit mehr dazu, weil Loni krank wurde.
Sie wurde matt, lief nicht mehr so schnell, spielte kaum mehr mit mir. Manchmal war sie direkt feindlich, aber ich sah darüber hinweg und steckte es ein. Sie mußte krank sein. Ich machte mir große Sorgen. Sie blieb immer häufi-

ger bei Wasingers, und ich saß allein herum und grübelte, was ihr fehlen könnte.

Eines Tages, als wir zum Kaffeebesuch kamen, lag sie auf ihrem Fell. Ich lief hin und wollte sie aufmuntern, aber sie beachtete mich gar nicht. So ging es nicht weiter. Es mußte ein Machtwort gesprochen werden. Ich setzte mich vor sie hin, faßte sie ernsthaft ins Auge und bellte sie dann kurz und kräftig an. Sie erschrak sehr und kroch weiter fort. Ich sah im Kreise herum, um die Bestätigung zu erhalten, daß so ein Benehmen unglaublich wäre. Schließlich waren wir verheiratet. Da nahm Frau Wasinger mich auf den Schoß.

»Tja, Blasi«, sagte sie. »Darfst dich nicht wundern. Loni kriegt Kinder. Kleine Dackel. Herzlichen Glückwunsch.«

Ich saß wie vom Donner gerührt. Hat man Worte? Das Nächstliegende von der Welt, und ich Trottel war nicht darauf gekommen! Bestimmt hatten alle es längst gewußt, nur ich, ich hatte keine Ahnung. Ein schöner Vater. Na ja. War ja auch das erste Mal.

Eva lächelte. Dan feixte voller Hohn. Der hatte es nötig! Fortan behandelte ich Loni genauso rücksichtsvoll wie Dan Eva und hatte genau solchen Dampf wie er.

An einem heißen Sommertag mußte Eva fort in die Klinik. Wir brachten sie im Auto hin. Loni war bei Wasingers. Wir kamen zurück, waren allein in unseren Mauern und restlos mit den Nerven runter. In der Nacht schliefen wir saumäßig. Der nächste Tag verging und noch einer. Ich hatte zu nichts Lust, und Dan griff häufig zur Flasche. Ein Hundeleben.

Der Sonntag kam. Nichts war gebessert. Draußen brannte die Sonne, aber wir saßen im Qualm der unzähligen Zigaretten, die Dan rauchte. Ich lag auf einem Sessel und fuhr bei jedem Geräusch zusammen. Scheußlicher Zustand.
Dann schrillte das Telefon. Dan stürzte hin und riß den Hörer herunter. Eine Stimme quäkte.
»Sofort!« brüllte Dan. Er warf den Hörer hin, ergriff den riesigen Strauß, der schon seit dem Vortag in Papier in der Vase herumlungerte, stülpte seinen Hut auf und rannte zur Wohnungstür. Dort stieß er mit Resi zusammen. Wasingers Mädchen.
»Jessas?« rief sie. »Der Blasi muß kommen! Loni hat Junge 'kriegt!«
»Gratuliere, Herr Kollege!« rief Dan und polterte die Stufen hinunter. Resi warf die Tür zu, wir polterten hinterher. Als wir die Straße erreicht hatten, saß er schon im Wagen, und die Reifen quietschten.
Im Laufschritt bewegten wir uns zur Villa. Die Familie war in heller Aufregung. Der Tierarzt war da, der mir meine Krallen beschnitten hatte. Ich bekam Herzklopfen.
Loni war in einem kleinen Zimmer im zweiten Stock. Frau Wasinger nahm mich auf den Arm. Behutsam traten wir ein.
In einem großen, deckengepolsterten Wäschekorb lag Loni. Sie sah sehr matt aus und regte sich nicht. Nur ihre Augen folgten unseren Bewegungen. Am liebsten wäre ich zu ihr gegangen und hätte sie gewärmt und getröstet. Ich durfte nicht. Vor ihr, dicht an ihrem Leib, lagen unsere

Kinder. Vier Stück. Ich mußte zweimal hingucken, bevor ich sie erkannte. Junge, Junge, sahen die aus!
Klein, klebrig, blind. Wie, in aller Welt, sollten daraus jemals vernünftige Dackel werden?
Aber es waren meine. Eines Tages würden sie so aussehen wie ich, ganz egal, wie sie jetzt aussahen.
Frau Wasinger beugte sich etwas herunter und hielt mich näher heran. Loni paßte das nicht. Sie zog die Nase kraus und ließ ein leises, hohes Knurren hören. So was! Nicht mal seine eigenen Kinder darf man besichtigen und wird noch beknurrt für die Leistung. Weiber!
Dann gingen wir. Die Familie brauchte Ruhe. Ich auch.
Im Wohnzimmer wurde das Ereignis gebührend besprochen. Herr Wasinger trank mit dem Tierarzt Portwein. Dan hatte ich bei dem Trubel vollständig vergessen. Plötzlich klingelte es fürchterlich. Er war es. Er war bleich, verschwitzt, zerknittert. Aber sein Gesicht leuchtete wie die Sonne am Himmel. »Wir haben einen Jungen«, sagte er und sank in den nächsten Stuhl.
Zuerst war es mäuschenstill. Dann brach allgemeiner Jubel los. Seine Hände und Schultern wurden ziemlich mitgenommen. Ich sprang auf seinen Schoß und stupste meine Nase an seine.
»Sie haben drei Jungs«, sagte Frau Wasinger. »Loni hat zwei Jungen und zwei Mädchen.«
Auf diese Weise erfuhr ich auch einmal, was es eigentlich war. Dan war platt. Er ging hinauf und sah sich die Bescherung an. Auch ihn beknurrte Loni, als er sie streicheln

wollte. Das freute mich sehr. Ob Eva das auch gemacht hatte?

Aus dem Keller kam der Sekt. Alles stieß an.

»Meine Lieben«, sprach der Landgerichtsdirektor, »obwohl einige grundsätzliche Unterschiede bestehen, auf die ich hier nicht näher eingehen will, wird mir doch verstattet sein, unter den obwaltenden, besonderen Umständen meine Glückwünsche zusammenzufassen. Wir haben zwei junge Väter in unserer Mitte. Sie haben sich als solche bewährt. Die Familie ist die Keimzelle des Staates. Mögen beide Familien glücklich werden für alle Zeit!«


Nach einer Woche kam Eva zurück. Zum erstenmal sah ich das Baby.

Es glich in diesem Alter ebensowenig Dan, wie unsere Kinder Loni und mir glichen. Das befriedigte mich. Es hatte ein ganz altes, zerknittertes Gesicht, schlief den ganzen Tag und war zu nichts zu gebrauchen. Es konnte noch nicht laufen, als meine Burschen längst in der Bude herumruderten. Aber mit der Zeit wurde es besser. Es bekam Dans Gesicht und Evas Augen, setzte sich aufrecht und erkannte mich, wenn Dan mich hochhielt. Man soll eben die Hoffnung nicht aufgeben. Mit meinen Sprößlingen war es auch schwierig am Anfang. Dauernd waren sie fort, und wenn ich einen am Kragen gefaßt und wieder herbeigeschleppt hatte, fehlte der nächste. Überall trat man in etwas, wo man es nicht vermutete. Und nagen konnten sie wie eine Herde Biber. Gottlob waren sie die meiste Zeit bei Wasingers, und deren Teppiche waren Kummer gewohnt. Daneben fraßen die süßen Kinderchen einen kompletten Hausschuh von Dan, ein Stück aus Evas Sommermantel, zerstörten zahllose Troddeln, Gardinenschnüre und Schuhbürsten und zerlegten ihren Korb in seine Urbestandteile. Wenn es so weiterging, würden sie ziemlich teuer kommen. Dan beschimpfte mich, aber ich zuckte bedauernd die Achseln. Nach einem halben Jahr, als der kleine Daniel erst sitzen konnte, waren sie schon richtige Langhaardackel. Stolz wanderten Loni und ich mit ihnen durch den Park, und hinter uns schob Dan den Kinderwagen, ebenso stolz, aber etwas verlegen.

Jeder Tag brachte neuen Spaß. Man hat als Familienvater eine Menge Sorgen und Aufregungen. Trotzdem möchte ich mit keinem tauschen. Dan geht es genauso. Jedes von meinen vieren habe ich gleich gern. Mir graust vor der Zeit, wo sie vielleicht fortmüssen, so wie ich fortmußte, als meine Geschichte begann. Eva hat uns alle geknipst, einzeln und zusammen. Wenn man alt ist, weiß man dann, wie es früher war.

Und so grüßen wir Sie, liebe Leser und Dackelfreunde. Wenn wir auch nur ein kleines Leben führen, es ist für uns mit aller Freude und allem Schmerz genauso wichtig wie Ihres für Sie. Ich bedanke mich, daß Sie mir bis hierher zugehört haben, und ich nehme jetzt Abschied von Ihnen. Aber wenn Sie mich mal sehen auf irgendeiner Straße, dann winken Sie mir zu.